AF453917

A par Amb Lalouette
Prestre

La bibliothèque possède
un autre exemplaire tout
semblable, à l'exception du
titre, ainsi conçu :
Histoire et abrégé des
ouvrages latins, italiens et
français pour et contre la
comédie et l'opéra.

HISTOIRE

DE LA
COMEDIE
ET DE
L'OP'ERA,

Où l'on prouve qu'on ne peut y aller sans pecher.

Imprimé à Orleans,

Et se vend,

A PARIS, chez Louis Josse, Imprimeur de Monseigneur l'Archevêque, ruë S. Jacques, à la Couronne d'Epines.

M. DC. XCVII.

Avec Approbation & Permission.

PREFACE

CONTENANT L'HISTOIRE

DU

DIXSEPTIEME SIECLE,

SUR LA COMEDIE.

ARCE QVE ce Siécle a êtè le plus fecond en Ouvrages pour & contre la Comedie, & parce que c'eft celuy où nous vivons, je me contenteray d'en rapporter l'Hiftoire, fans remonter aux Siécles précedens.

Hédelin eft le premier Auteur François de ce Siécle, qui a oẑé entreprendre de juftifier la Comedie profcrite de tout temps. Il fit deux Ouvrages en 1657. Le premier intitulé, Pratique du Théatre. *Le deuxiéme,* Projet pour le rétabliffement

PREFACE.

sur Théatre François, contenant les causes de sa décadence, & les remedes qu'on y pourroit apporter. Dans le premier, l'Auteur donne des preuves de son érudition dans les Poësies anciennes. Le second Ouvrage est demeuré imparfait, parce qu'il n'a pas pû executer son dessein. Cet Auteur insinuë deux raisons, qui font voir les difficultez qu'on a de justifier la Comedie. La premiere est la créance commune des peuples, que c'est pecher contre les regles du Christianisme que d'y assister. La seconde, l'infamie dont les Loix ont noté les Comediens.

Ces deux Ouvrages d'Hedelin ne furent pas sans Réponse; car on donna en 1659. un Traité contre la Comedie, qui se trouve dans le troisiéme Volume des Essais de Morale, & on peut regarder ce Traité comme une Réponse; car quoy que l'Auteur n'y nomme ni Hedelin ni ses Ouvrages, il se plaint pourtant de la corruption de son siecle, en ce qu'on y avoit voulu justifier la Comedie. Or il n'y avoit alors que les Ouvrages d'Hedelin pour la Comedie qui avoient paru en 1657.

En la même année 1657. M. le Curé de saint Germain de l'Auxerrois à Paris, consulta les Docteurs de Sorbonne sur les

PREFACE.

Comedies ; il fut décidé qu'il y avoit
peché mortel, & pour les Comediens &
pour ceux qui y contribuent : L'on verra
cette décision dans la Section 6. du Chap.
4. de cet Ouvrage.

Monsieur le Prince de Conti, qui avoit
frequenté les Théatres avant sa conversion,
& qui sçavoit les maux qu'ils causent, se
crût obligé d'écrire contre la Comedie ; ce
qu'il fit d'une maniere savante, élevée &
tres pressante. On trouve dans l'Ouvrage
de ce pieux Prince autant de preuves de
son zele que de la beauté de son esprit. Il
donna ordre, peu de mois avant son décés,
à M. de Voisin, de faire imprimer ce
Traité ; ce que ce Docteur executa en
1666.

Le public fut surpris de voir paroître
dans la même année une Apologie de la
Comedie, par un Livre intitulé, Dissertation sur la condamnation des Théatres,
dont on a crû qu'Hedelin étoit encore l'Auteur. M. de Voisin se crût obligé de défendre le Traité de Monsieur le Prince de
Conti contre la Comedie, qu'il venoit de
donner au public. C'est pourquoy il com-
posa un Livre in 4°. plein de preuves &
de faits les plus solides que l'on puisse dé-
sirer. Cet Ouvrage a pour titre, Défense

PREFACE.

du Traité de M. le Prince de Conti, touchant la Comedie, *Ou Réfutation de la Differtation fur la condamnation des Théatres. Ce Livre a efté imprimé en* 1671.

Il parut en 1672. *une autre piece contre la Comedie, qui fe trouve dans l'Education Chrétienne des Enfans,* felon les maximes de l'Ecriture & les Inftructions des faints Peres de l'Eglife, *avec un petit Traité contre les Chanfons. Monfieur l'Abbé Fleury a auffi dit quelque chofe de la Comedie, dans fon Livre des* Mœurs des Chrétiens, *imprimé en* 1682.

On n'avoit point vû de Réponfe à tous ces favans & folides Ecrits contre la Comedie, & on ne croyoit pas que perfonne ofât mettre la main à la plume pour la défendre. Cependant aprés plus de vingt années de filence, un Particulier a entrepris de juftifier la Comedie par une Lettre qu'on a voulu faire paffer pour une Réponfe faite au fieur Bourfault, Auteur d'un Volume de Piéces de Théatre, qui feint d'avoir confulté un Théologien illuftre par fa qualité & par fon merite, pour fçavoir fi la Comedie peut être permife, ou fi elle doit être abfolument défenduë. Ce Théologien prétendu, (je l'appelle*

PREFACE.

ainſi, parce que le Pere Caffaro Théatin,
qu'on diſoit être Auteur de cette Lettre, la
déſavoüée,) veut juſtifier la Comedie
par des paſſages de ſaint Thomas Il fait
auſſi ſes efforts pour établir que les ſaints
Peres n'ont condamné les Spectacles des
Payens, qu'à cauſe de la ſeule idolâtrie.
Ie feray voir le contraire dans cet Ouvrage.

La Lettre de ce prétendu Théologien
ayant paru à Paris durant le Carê-
me, pluſieurs Prédicateurs zelez pour le
ſalut des ames, perſuadez qu'ils devoient
s'oppoſer à tout ce qui pouvoit leur nuire,
déclamerent contre cette Lettre ; les uns fai-
ſans voir que la Comedie avoit toûjours
eſté condamnée, d'autres que l'Auteur de
cette Lettre eſt un faux Théologien : Il y
en eût même un, qui dit quecette Lettre me-
ritoit le feu, & que l'Auteur en devoit faire
une penitence publique.

On a fait auſſi au Seminaire de ſaint
Magloire des Peres de l'Oratoire, pluſieurs
Conferences publiques contre la Lettre de ce
Théologien. Les Auteurs ne ſont pas demeu-
rez dans le ſilence ; car on a vû pluſieurs
Ouvrages contre cette Lettre.

Il y a eu deux autres Traitez faits en
ce ſiecle contre la Comedie, ſçavoir celuy

PREFACE.

de *François Marie del Monacho Sici-*
lien, & un du Pere *Ottonelli* Iesuite
Italien. Ie vais donner l'Abregé & le
caractere de chacun de ces Ouvrages, avec
toute l'exactitude que l'on peut souhaiter,
afin de les conserver plus facilement à la
posterité.

HISTOIRE ET ABREGE'

DES

OUVRAGES LATINS,

ITALIENS ET FRANCOIS,

POUR ET CONTRE

LA COMEDIE ET L'OPERA.

CHAPITRE. I.

Abregé de la Doctrine de l'Ecriture Sainte,
des Conciles & des Peres de l'Eglise,
touchant la Comedie.

JE commence cét Abregé par celuy
des passages de l'Ecriture Sainte, des
canons des Conciles, & des Ouvrages des Saints Peres contre les Spectacles, parce que c'est le fondement de
tout ce qui a été écrit sur cette matiere.
Je feray cette Tradition courte, &
en même temps raisonnée, pour ne pas

copier ceux qui en ont fait avant moy,
& pour ne pas fatiguer les Lecteurs que
les longs ouvrages rebutent.

Si je faisois une longue Dissertation,
j'aurois ramassé toutes les maximes de
l'Ancien & du Nouveau Testament,
par lesquelles le Saint Esprit nous a
donné des armes pour combattre la Comedie. Je me contenteray d'en rapporter les plus importantes.

Nous lisons dans le chapitre quatriéme
des Proverbes v. 23. *Appliquez-vous
avec tout le soin possible à la garde de vôtre
cœur, parce qu'il est la source de la vie.*
Dans l'Ecclesiastique, chap. 3. v. 27.
Celuy qui aime le peril, y perira. Et dans
le chap. 9. v. 8. *Détournez vos yeux
d'une femme parée, & ne regardez pas cu-
rieusement une beauté étrangere. v. 9. Plusieurs se sont perdus par la beauté de la femme, & la passion s'allume comme un feu
en la regardant.*

En Saint Mathieu, chap. 5. v. 28. *Quiconque regardera une femme avec un mauvais
désir, a déja commis l'adultere dans son
cœur.* Chap. 18. v. 6. *Si quelqu'un est
un sujet de chute & de scandale à un de
ces petits, qui croyent en moy; il vaudroit
mieux pour luy qu'on luy pendît au col une*

*de ces meules qu'un âne tourne, & qu'on
le jettât au fond de la mer.* Dans l'Epitre
aux Ephesiens, chap. 5. v. 3. *Qu'on n'entende pas seulement parler parmy vous de
fornication ny de quelque impureté que ce
soit, ny d'avarice.* v. 4. *Qu'on n'y entende
point de paroles deshonnestes, ny de folles,
ny de bouffonnes, ce qui ne convient pas à
vôtre vocation ; mais plûtôt des paroles d'a-
ctions de graces.*

Or il faut convenir, qu'on ne peut
aller à la Comedie sans exposer son cœur
au peril de la tentation, au lieu de le
conserver avec soin ; on y regarde avec
une entiere liberté, des femmes qui font
tous leurs efforts pour plaire ; & presque toutes reüssissent, car on sçait leur
conduite. Un Chrétien peut-il estre at-
tentif à la suite d'une intrigue d'amour,
qu'on insinuë par des expressions d'autant plus dangereuses, qu'elles sont plus
spirituelles & plus agréables, sans que
ce mal s'imprime dans son esprit &
dans son cœur ? N'y a-t-il pas souvent des équivoques, des paroles bouffonnes ? Par consequent ces passages que
j'ay rapportez, suffisent pour faire voir
qu'on trouve des armes dans l'Ecriture
Sainte pour combattre les Comedies,

quoy qu'elles ne contiennent ni idolatrie, ni impureté grossiere.

Je passe aux Conciles de l'Eglise.
Le Canon 62. du Concile d'Elvire,
tenu l'an 305. porte : Si les Comediens
» veulent embrasser la Foy Chrétienne,
» nous ordonnons qu'ils renoncent aupa-
» ravant à cét exercice, & qu'ensuite ils y
» soient admis, de sorte qu'ils n'exercent
» plus leur premier métier : que s'ils con-
» treviennent à ce Decret, qu'ils soient
» chassez & retranchez de l'Eglise. Le Canon 67. du même Concile ajoûte : Il
» faut défendre aux femmes & aux filles
» Fidelles ou Catechumenes, d'épouser
» des Comediens : que s'il y en a qui en
» épousent, qu'elles soient excommuniées.
Le Canon 5 du 1. Concile d'Arles, tenu
l'an 314 s'explique en ces termes : Quant
» aux Comediens, nous ordonnons qu'ils
» soient excommuniez tant qu'ils feront
» ce métier. Le 2. Concile d'Arles, tenu
en 452. a renouvellé le Canon precedent.

Le 6. Concile general, tenu à Con-
stantinople en 680. condamne les Comedies & les Danses qui se font sur le
theatre, & prononce contre les contre-
venans, si c'est un Ecclesiastique, qu'il

soit deposé ; & si c'est un Laïque, qu'il soit excommunié. On voit que ce Concile ordonne les mesmes peines que les precedens ; cependant il est certain que l'Idolatrie ne paroissoit plus sur les théatres, dans l'intervalle du temps qui s'est passé jusques à ce Concile.

Le Concile de Bourges, tenu l'an 1584. Canon 4. commande expressement aux Chrétiens de fuir les danses, les Comedies & les mascarades.

Dieu a inspiré aux Princes d'entretenir cette défense par leurs Loix, puis que Philippes Auguste dans le 12 Siecle, chassa de sa Cour les Comediens, au rapport de Dupleix Historien. Nous lisons dans l'Office de S. Loüis, du Bréviaire de Paris ; que ce Saint Prince chassa de son Royaume les Bateleurs & les Joüeurs de farce. Il n'y avoit point encore sous son Regne de Comediens en France.

Depuis qu'on n'a plus tenu de Conciles, les Évêques ont conservé cette discipline contre la Comedie, par leurs Synodes & par leurs Rituels.

Saint Charles Boromée a fait composer un Livre particulier contre la Comedie, où l'Auteur dit que les Come-

dies font mauvaifes, au moins à caufe
des circonftances qui les accompagnent;
& de leurs effets; c'eft pour cela qu'elles font défenduës. Ce Livre a efté tra-
duit en François, & Imprimé à Thou-
louze en 1662.

Le Rituel de Châlons en Champagne de
1649. défend de recevoir pour parreins
au Baptême, les Comediens. M. Jean de
Gondy Archevêque de Paris, declara
dans fon Synodicon en 1624. qu'il fa-
loit priver les Comediens de l'ufage des
Sacremens, & de la fepulture Ecclefia-
ftique. M. de Harlay Archevêque de
Paris l'a fait imprimer en 1674. Le
Rituel de Paris, imprimé en 1654. porte la même défenfe.

Je ne rapporteray point les termes
dont fe fervent les Rituels de Sens,
d'Alet, de Langres, de Coutances, de
Bayeux, de Rheims; mais tous ces Rituels ordonnent les mêmes peines contre les Comediens. Il y a des Rituels
particuliers, qui excommunient ceux
qui affiftent aux Spectacles les jours de
Fêtes & de Dimanches, pendant le
Service divin; c'eft ce qu'on publie au
Prône de tous les Dimanches, dans
toutes les Paroiffes de Paris, pour fai-

re souvenir les peuples, que c'est encore un plus grand peché d'assister aux
Spectacles les jours de Fêtes, pendant
le Service divin.

Aussi pour empêcher les fideles de Paris,
de se laisser entraîner par les compagnies
aux Spectacles, on chante des Vespres
du saint Sacrement, pendant le temps
que l'on represente ces Spectacles; &
c'est pour cette raison, qu'on appelle ces
Vespres, des Saluts.

Cét Abregé des Conciles, des Synodes
& des Rituels, doit convaincre que l'E-
glise a toûjours condamné & condamne
encore à present les Comedies de ce siecle, comme celles des siecles passez;
qu'elle les regarde comme de tres-grands
desordres, puis qu'elle employe contre
les Comediens, les peines les plus ri-
goureuses, sçavoir, l'excommunication,
la privation de l'usage des Sacremens,
même à la mort, & ensuite de la sepul-
ture Ecclesiastique: en quoy elle renouvelle la plus grande severité des premiers
siecles, puis qu'elle met les Comediens
au rang des blasphemateurs, des concu-
binaires & des usuriers publics.

On peut conclure de tout cela, que
ceux qui disent qu'il est permis d'aller à

la Comedie , se mocquent & méprisent les censures de l'Eglise , puis qu'ils entretiennent par leur presence & par leur argent , les Comediens dans la désobeïssance à l'Eglise , & contribuent autant qu'il est en eux à leur damnation.

Quant à la Tradition des Peres de l'Eglise , je m'arresteray seulement à ceux des premiers siecles , particulierement à Tertulien, S. Cyprien, S. Jean Chrysostome, S. Basile, S. Ambroise, & S. Augustin , parce qu'on veut abuser de quelques expressions de ces Peres , pour en conclure qu'ils n'ont condamné les Spectacles qu'à cause de l'Idolatrie , ou des representations honteuses & impudiques

Je conviens que ces Saints Peres ont condamné les Spectacles par ces deux motifs ; mais je pretens qu'ils les ont de plus condamnés pour d'autres désordres, qui se trouvent dans les Opera & les Comedies de nôtre siecle.

Je commenceray par Tertulien , dans son Livre des Spectacles , chapitre 4. où il s'exprime en ces termes : Peut-on dire que les Spectacles ne sont pas défendus dans la sainte Ecriture , puis qu'elle condamne toute sorte de concupiscence ? Car comme la Concupiscence comprend

l'avarice, l'ambition, la gourmandise, »
la luxure; elle comprend aussi la volupté: »
Or les spectacles sont une espece de vo- »
lupté. »

Par là l'on voit que cet ancien Pere condamne les Spectacles, à cause de la volupté, qui est un motif different de l'Idolatrie. Il se sert encore d'un autre motif, pour détourner les Fidelles des Spectacles; c'est dans le chap. 25 du mê- me Livre, où il parle de la maniere sui- vante : Un homme pensera t'il à Dieu » dans ces lieux où il n'y a rien de Dieu? » Apprendra t'il a ètre chaste, lors qu'il se » trouve tout transporté, & comme en- » yvré du plaisir qu'il prend à la Come- » die? Il n'y a rien de plus scandaleux » dans tous les Spectacles, que de voir avec » quel soin & quel agrément, les hom- » mes & les femmes y sont parez : l'ex- » pression de leurs sentimens conformes » ou differens pour approuver, ou pour » desapprouver les choses dont ils s'en- » tretiennent, ne servent qu'à exciter dans » leurs cœurs des passions déreglées. Enfin » nul ne va à la Comedie qu'à dessein d'y » voir & d'y estre vû. Le même Tertulien » presse les Chrétiens de fuir les Théatres, par les perils ausquels ils s'exposent, sur

la fin du chap. 27 où il ſuppoſe que tout
ce qui ſe paſſe à la Comedie , ſoit gene-
reux , honneſte , harmonieux , charmant
& ſubtil : Regardez tout cela , dit-il ,
„ comme un breuvage de miel dans une
„ coupe empoiſonnée , & conſiderez qu'il
„ y a plus de péril à ſe laiſſer emporter à
„ la volupté , qu'il n'y a de plaiſir à s'en
„ raſſaſier.
„   Saint Cyprien , dans le Traité des
Spectacles qu'on luy attribuë , a ſuivy
les maximes de Tertulien. Voicy ſes paroles : Que diray-je des vaines , & inu-
„ tiles occupations de la Comedie , & des
„ grandes folies de la Tragedie ? Quand
„ même ces choſes ne ſeroient pas conſa-
„ crées aux idoles , il ne ſeroit pas néan-
„ moins permis aux fidelles Chrétiens ,
„ d'en eſtre les acteurs , ni les ſpectateurs ;
„ & quelques innocentes qu'elles fuſſent ,
„ ce ne ſeroit toûjours qu'un déreglement
„ de vanité , qui ne convient point à ceux
„ qui font profeſſion du Chriſtianiſme.
„ Nous devons garder ſoigneuſement nos
„ yeux & nos oreilles. On s'accoutume
„ facilement aux crimes dont on entend
„ ſouvent parler. L'eſprit de l'hõme ayant
„ une pente au mal , que ne fera-t-il pas ,
„ s'il eſt encore porté par les exemples des

vices de la chair, ausquels la nature se laisse aller si aisement ? Ce passage fait assez voir les sentimens de saint Cyprien sur les Spectacles.

Saint Basile dans son Hom. 4. *in Hexameron*, condamne de mesme les „ Chansons de l'Opera : Ils vont, dit-il, „ avec ardeur, écouter certaines chansons „ qui ne respirent que la mollesse, & qui „ ne tendent qu'à corrompre les mœurs, „ & qui font naître dans l'esprit des au- „ diteurs déja assez dereglez d'eux mêmes, „ toute sorte d'impuretez, d'une maniere „ qu'ils ne peuvent jamais se rassasier de „ ces chansons. „

Je m'étendray d'avantage sur les pas- sages de saint Jean Chrisostome, parce qu'il expose & ses sentimens, & la dis- cipline de l'Eglise sur la Comedie.

Ce saint Docteur examine d'abord, dans l'Homelie 15. au peuple d'Antio- che cette question, si c'est un peché d'aller à la Comedie, par ces paroles : „ Plusieurs s'imaginent qu'il n'est pas cer- „ tain que ce soit un peché de monter sur „ le Théatre, & d'aller à la Comedie : „ mais quoy qu'ils en pensent, il est cer- „ tain que tout cela cause une infinité de „ maux ; car le plaisir que l'on prend „

„ aux ſpectacles des Comedies, produit
„ l'impudence, & toutes ſortes d'incon-
„ tinences. D'ailleurs nous ne ſommes pas
„ ſeulement obligez d'éviter le peché ;
„ mais nous devons encore éviter les cho-
„ ſes mêmes qui nous paroiſſent indiffe-
„ rentes, & qui portent inſenſiblement au
„ peché : car comme celuy qui marchant
„ ſur le bord d'un precipice, quoy qu'il
„ n'y tombe pas, ne laiſſe pas d'être dans la
„ crainte, & qu'il arrive ſouvent que la
„ crainte le trouble & le fait tomber dans
„ ce precipice : de même celuy qui ne s'é-
„ loigne pas du peché, mais qui en eſt
„ proche, doit vivre dans l'apprehenſion ;
„ car il arrive ſouvent qu'il y tombe.

Ne peut-on pas dire la même choſe de
nos Comedies ? Y a-t-il moins de danger ? N'y a-t-il pas de funeſtes exemples
de pluſieurs perſonnes, dont la reputa-
tion étoit hors d'atteinte, & qui ont
levé le maſque à force d'aller au Théatre ?

Dans l'Homelie 3. de David & de
Saül, ce Saint nous donne un échantil-
lon de l'exactitude de la diſcipline, &
de la penitence de ſon ſiecle : écoutons-
le avec attention : Je croy que pluſieurs
„ de ceux qui nous abandonnerent hier,
„ pour aller aux Spectacles, ſont aujour-
d'huy

d'huy presens ; je voudrois les recon- ,,
noître publiquement, afin de leur in- ,,
terdire l'entrée de ces Lieux sacrez, non ,,
pas pour les laisser toûjours dehors ; mais ,,
pour les rappeller aprés leur amande- ,,
ment. Comme les peres chassent de leurs ,,
maisons & de leurs tables leurs enfans ,,
qui se laissent emporter à la débauche, ,,
non pour les en bannir éternellement ; ,,
mais pour les faire devenir meilleurs par ,,
cette correction ; les Pasteurs en usent ,,
de même, lors qu'ils separent les bre- ,,
bis galeuses d'avec les autres, afin qu'é- ,,
tans gueries de leurs maladies, elles re- ,,
tournent avec celles qui sont saines sans ,,
aucun peril : car autrement, s'ils les ,,
laissoient parmy les autres, elles infecte- ,,
roient tout le troupeau. C'est pour ce ,,
sujet que je voudrois pouvoir recon- ,,
noître ces personnes ; mais encore qu'el- ,,
les nous soient inconnuës, elles ne peu- ,,
vent néanmoins se dérober aux yeux du ,,
Verbe éternel : j'espere qu'il touchera ,,
leur consciences, & qu'il leur persua- ,,
dera de sortir volontairement, leur fai- ,,
sant connoître qu il n'y a que ceux qui ,,
se portent à faire penitence, qui soient ,,
veritablement dans l Eglise. Au contrai- ,,
res ceux qui vivans dans le dereglement ,,

B

» demeurent dans noſtre communion,
» quoy qu'ils ſoient icy preſens de corps,
» ils en ſont néanmoins ſeparez plus ve-
» ritablement que ceux qu'on a mis de-
» hors, de ſorte qu'il ne leur eſt pas en-
» core permis de participer à la ſainte
» Table. Car ceux qui ſelon les Loix di-
» vines ont eſté chaſſez de l'Egliſe & de-
» meurent dehors, donnent par leur con-
» duite quelque bonne eſperance, qu'aprés
» s'eſtre corrigez des pechez pour leſquels
» ils ont eſté chaſſez de l'Egliſe, ils y ren-
» treront avec une conſcience pure. Mais
» ceux qui ſe ſoüillent eux-mêmes, & qui
» étans avertis de ſe purifier des tâches
» qu'ils ont contractées avant que d'en-
» trer dans l'Egliſe, ſe conduiſent avec
» impudence, ils aigriſſent l'ulcere de leur
» ame, & rendent leur mal plus grand ;
» car il y a bien moins de mal à pecher,
» que d'ajoûter l'impudence au crime qu'on
» a commis, & de ne vouloir pas obeïr aux
» ordres des Prêtres. On me dira, Le pe-
» ché que ces perſonnes ont commis, eſt-
» il ſi grand, qu'il merite qu'on leur inter-
» diſe l'entrée des lieux ſacrez ? Je ne vous
» declareray pas leur crime par mes diſ-
» cours ; mais par les propres paroles de
» celuy qui doit juger toutes les actions

des hommes: Celuy, dit-il, qui verra ”
une femme avec un mauvais défir, a déja ”
commis l'adultere dans fon cœur. Si une ”
femme négligemment parée, qui paffe ”
par hazard dans la place publique, bleffe ”
fouvent par la feule vûë de fon vifage ”
celuy qui la regarde avec trop de curio- ”
fité ; ceux qui vont aux Spectacles non ”
par hazard, mais de propos deliberé, & ”
avec tant d'ardeur, qu'ils abandonnent ”
l'Eglife par un mépris infuportable pour ”
y aller ; ceux qui regardent ces femmes ”
infames, auront-il l'impudence de dire ”
qu'ils ne les voyent pas pour les defirer, ”
lors que les paroles, les voix, les chants ”
impudiques & tendres les portent à la ”
volupté ? Car fi en ce lieu où l'on chan- ”
te les Pfeaumes, où l'on explique la ”
parole de Dieu, où l'on craint & ref- ”
pecte fa divine Majefté, la concupif- ”
cence ne laiffe pas de s'y gliffer fecrete- ”
ment dans les cœurs comme un fubtil ”
larron : ceux qui font toûjours à la Co- ”
medie, où ils ne voyent & n'entendent ”
rien de bon, comment pourront-ils fur- ”
monter la concupifcence ? C'eft pour- ”
quoy je prie & conjure ces perfonnes de ”
fe purifier par la Confeffion, par la Pe- ”
nitence & par tous les autres remedes ”

„ ſalutaires, des pechez qu'ils ont contra-
„ ctez à la Comedie, afin qu'ils puiſſent
„ eſtre admis à entendre la parole de Dieu.
„ Car ces pechez ne ſont pas médiocres,
„ puis qu'on y voit des femmes qui ont
„ perdu toute honte, qui paroiſſent hardi-
„ ment ſur un Théatre devant le peuple,
„ qui ont fait une étude de l'impudence,
„ qui par leurs regards & par leurs paro-
„ les repandent le poiſon de l'impudicité
„ dans les yeux & dans les oreilles de tous
„ ceux qui les regardent & qui les écou-
„ tent : enfin tout ce qui ſe fait dans tou-
„ tes ces repreſentations malheureuſes ne
„ porte qu'au mal ; les paroles, les ha-
„ bits, le marcher, la voix, les chants,
„ les regards des yeux, les mouvemens du
„ corps, le ſon des inſtrumens, les ſu-
„ jets même & les intrigues des Comedies,
„ tout y eſt plein de poiſon, tout y reſpire
„ l'impureté. Toutes ces choſes devroient
„ donc porter ceux qui les voyent, non
„ pas à rire, mais à pleurer. Mais je vous
„ montreray, me direz-vous, des perſon-
„ nes à qui ces Jeux n'ont point fait de
„ mal. N'eſt-ce pas un aſſez grand mal que
„ d'employer ſi inutilement le temps, &
„ d'être aux autres un ſujet de ſcandale ?
„ Quand vous ne ſeriez pas bleſſé de ces

repreſentations , n'eſt-ce rien que vous
y ayez attiré les autres par vôtre exemple ? Comment donc êtes vous innocent,
puis que vous êtes coupable du crime
des autres ? Tous les déſordres que cau-
ſent parmy le peuple ces hommes corrompus & ces femmes proſtituées ,
retombent ſur vous : car s'il n'y avoit
point de Spectateurs de Comedies , il
n'y auroit ni Comediens ni Acteurs ;
ainſi ceux qui les repreſentent & ceux
qui les voyent, s'expoſent au feu éternel. C'eſt pourquoy quand vous ſeriez
aſſez chaſte pour n'eſtre point bleſſé par
la contagion de ces Jeux, *ce que je croy*
impoſſible , vous ne laiſſeriez pas d'eſtre
ſeverement puni de Dieu , comme étant
coupable de la perte de ceux qui vont
voir ces folies, & de ceux qui les repreſentent ſur le Théatre. Je laiſſe faire
de bonne foy l'application de tout ce
diſcours de ſaint Jean Chryſoſtome :
n'eſt-ce pas une peinture de nos Comedies, & une reponſe à toutes les excu-
ſes de nôtre ſiecle ? Je ne rapporteray
rien icy de ſaint Ambroiſe & de ſaint
Auguſtin , parce que j'en parleray dans
la ſuite.

CHAPITRE II.

SECTION PREMIERE.

In Actores & Spectatores Comœdiarum Parænesis. Autore Francisco Maria del Monacho Siculo &c. *Patavii* 1630.

ON trouve dans la Biblioteque du Roy cét Ouvrage Latin, dont le titre signifie en François, *Avertissement aux Acteurs & aux Spectateurs des Comedies*, composé par François Marie del Monaco Sicilien de la Ville de Drapano, Docteur en Theologie, de la Congregation des Clercs Reguliers, imprimé à Padoüe en 1630. Il est divisé en trois parties, dont la premiere contient sept Classes.

La premiere Classe, est un petit Abregé des autoritez de l'Ecriture Sainte, sans reflections. Il cite entr'autres les paroles de l'Ecclesiastique chapitre 9. v. 4. *Ne vous trouvez pas souvent avec une femme qui danse, & ne l'écoutez pas, de peur que vous ne perissiez par la force de ses charmes.* Et les passages de saint Mathieu chapitre 14. & de saint Marc chap.

6. où il est marqué que le martyre de saint Jean-Baptiste a esté la recompense de la Danse.

La seconde Classe, est un Recueil des Conciles contre les Spectacles : mais comme il est court, nous en donnerons un plus étendu dans le chapitre suivant.

La troisiéme Classe, est une longue Tradition des saints Peres. Il la finit par le B. Laurent Justinien Patriarche de Venise, qui dit dans son Livre de la chaste alliance du Verbe & de l'ame, Chapitre 4. que ceux qui vont aux Spectacles, seront tourmentez par le feu de l'enfer.

La quatriéme Classe, est un Abregé des Théologiens qui ont écrit contre les Spectacles. Il commence par saint Thomas, dont il cite trois passages qu'il soutient estre autant de condamnations des Théatres ; je les rapporteray dans le Chapitre 4 Sect. 7. parce qu'ils y seront fort éclaircis. Il cite ensuite le Cardinal Cajetan, saint Antonin Archevêque de Florence, Paludanus, Durandus, Silvester, qui ont tous censuré les Comedies.

Des Auteurs Thomistes, il passe aux Jesuites, & il cite Sanchez Livre 9.

disp. 46. n. 42. Mendoza quest. 9. Scholaf. 6. 11. Reginald Livre 22 chap. 1. fect. 4. Tous ces Jesuites foutiennent que les Comedies de ce fiecle font dangereufes pour la pureté. Les Francifcains ne font pas oubliez : Gabriel Biel favant Cordelier, in. 4. dift. 15. q. 13. art. 3. dubio 3. s'explique en ces termes. *Quifquis delectatur in peccato mortali , peccat mortaliter præfertim in illis quæ funt mala, non quia prohibita, fed quia effentialiter includunt turpitudinem , quales funt omnino Comediæ noftri temporis ; ex Apoft. ad Rom. 1. Non folum facientes fed & facientibus confentientes digni funt morte.* Quiconque fe réjouït d'une action qui eft peché mortel , peche mortellement ; particulierement dans les chofes qui font mauvaifes par elles-mèmes , & non pas parce qu'elles font défenduës ; telles font les Comedies de nôtre fiecle , car felon l'Apôtre Rom. 1. *Non feulement ceux qui font le mal font dignes de mort, mais ceux qui approuvent ceux qui le font.* Or c'eft approuver la Comedie que d'y affifter , & d'en faire fon plaifir. Alexandre de Halés 2. p. q. 149 memb. 3. & Angelus de Clavafio in fumma V. Ludus. n. 3. ces deux favans Cordeliers deci-

dent aussi qu'il y a peché mortel pour
ceux qui vont à la Comedie.

Marcël Mégal Clerc Regulier Theatin,
dans l'Abregé de son Institution. n. 16
p. 166 de l'édition de Modene. *Mortali-*
ter peccat , qui in Comædiis aut alibi verba
dixerit ad lasciviam & fornicationem in-
citantia , licet ludicrè & tantùm ob animæ
relaxationem. Mortalis etiam criminis rei
sunt , qui voluntariè ea audiant , quamvis
ea audiant absque sensuali delectatione &
tantùm animi gratiâ. On voit par ces paroles , que Marcël Megal un des Religieux Théatins les plus éclairez , décide que c'est un peché mortel , de dire
dans les Comedies ou ailleurs , des paroles qui portent à l'impureté & à la
fornication , quoy qu'on les dise pour
rire & pour relacher l'esprit; & que ceux
qui les écoutent pechent mortellement ,
quoy qu'ils les entendent sans sentir un
plaisir sensuel & seulement par recrea-
tion.

La cinquiéme Classe , est une Exposi-
tion des sentimens des Jurisconsultes ,
qui comparent les Comediens à des chasseurs dangereux par leurs pieges , puis
qu'ils tüent les ames par leurs discours
tendres , comme les chasseurs tüent les

bêtes à la chasse ; ils sont aussi de l'avis
que la Comedie est défenduë, & que
d'y assister c'est un peché mortel.

La sixiéme Classe, contient les sentimens des savans Payens, sçavoir, de
Platon, d'Aristote, de Senecque, de
Valere Maxime, de Suetone, de Corneille Tacite, qui ont tous declamé
contre les Spectacles, & ont fait voir,
qu'ils étoient contraires à l'honnêteté
des mœurs.

La septiéme Classe, est un Recit des
punitions tragiques que Dieu a fait sentir à ceux qui assistoient aux Spectacles.
Elles sont tirées de Tertulien, des Dia-
logues de saint Gregoire le grand, &
de plusieurs autres Auteurs. Nous en
dirons quelque chose dans le Chapitre 3.
Sect. 4.

La seconde partie de cét Avertissement
de François del Monacho, est employée
a examiner trois propositions. Dans la
premiere, l'Auteur examine si les Comedies de ce siecle peuvent passer pour
honnestes. Il commence par la définition
des Comedies deshonnestes : Ce sont
celles, dit-il, où les hommes & les femmes s'entretiennent des intrigues d'a-
mour, dansent au son des chansons les

plus tendres , & donnent publiquement
des leçons d'un crime qu'on n'ose commettre qu'en secret , tant ce crime est
honteux : les entretiens n'en peuvent
donc pas passer pour honnestes ; & quoy
que la corruption du siecle les tolere, ils
n'en sont pas moins criminels. C'est pour
cela que les saints Peres ont tant décla-
mé contre les Spectacles , comme on
voit dans leurs passages , rapportez dans
le Chapitre precedent.

La seconde proposition regarde les
Comediens , s'ils pechent mortellement
en joüant la Comedie. Del Monacho
assure que tous les Auteurs qu'il a lû sur
ce sujet, sont du sentiment qu'il y a
peché mortel pour les Comediens, parce
qu'ils disent des paroles équivoques, & se
servent d'expressions tendres ; parce que
les femmes joüent avec les hômes sur le
Théatre ; parce qu'on y traite des intrigues d'amour ; parce que quoi qu'on les
dise reformées on les rend agreables , &
ainsi opposées à la pureté du cœur , com-
mandée aux Chrétiens. Peut-on accorder la pureté avec ces idées sales ? Est-
ce là se faire violence pour ravir le Ciel ?

Il authorise cette proposition par Ri-
chard de saint Victor , qui prouve qu'il

y a peché mortel dans une actioh, lors
que Dieu est offensé griévement, lors
qu'on fait tort au prochain & à soy-mê-
me : Or les Comediens font ces trois
maux, ils choisissent les plus belles Comediennes qu'ils peuvent trouver, ils les
parent magnifiquement avec le fard &
l'artifice ; leurs paroles, leurs postures,
leurs danses & leurs chansons portent
à l'impureté. Là les jeunes gens se
corrompent, les filles se familiarisent
avec l'amour prophane, dont ils entendent si agréablement parler. Enfin les
Conciles les ont excommuniez : or on
n'excommunie pas pour un peché veniel,
mais seulement pour un peché mortel
considerable & scandaleux.

La troisiéme proposition que cet Auteur
s'applique à bien examiner, est conçûë
en ces termes : Si ceux qui assistent aux
Spectacles pechent mortellement. Il
prouve l'affirmative à cause du scandale,
à cause du danger du peché, à cause de
leur participation aux paroles des Comediens qu'ils écoutent avec plaisir,
qu'ils approuvent, qu'ils admirent, qu'ils
soutiennent par leur autorité, par leur
argent, par leur presence ; car les Comediens pechans mortellement en joüant

la Comedie, on ne peut estre témoin,
approbateur, protecteur de cette action
criminelle sans estre complice. L'Auteur
se sert de la raison des excommunica-
tions fulminées par les Papes contre les
duellistes & leurs témoins, parce qu'ils
sont approbateurs du duel, qui est un
peché mortel & scandaleux. La justice
des hommes punit les témoins d'un vol,
& d'un assassinat, qui ont loüé & qui
n'ont pas dénoncé le criminel.

Del Monacho repond ensuite à l'excuse
ridicule de ceux qui disent : Quand je
n'irois pas à la Comedie, on ne laisse-
roit pas de la joüer. Un voleur seroit-il
absous par la même excuse ? N'est-ce
pas y contribuer autant qu'il est en soy,
que d'assister aux Comedies ? Car donner son argent aux Comediens, c'est
pratiquer ce que le Saint Esprit condamne par ces paroles du Ps. 49. *Vous met-*
tiez vôtre bien avec les adulteres. Donner
aux Comediens c'est un grand crime,
selon saint Augustin ; c'est une espece
d'idolatrie selon saint Jerôme. Aussi
l'Auteur rapporte un endroit de Lam-
pridius, qui loüe l'Empereur Severe de
n'avoir rien donné aux Comediens de
son temps. Il ajoûte, que si l'argent

que les spectateurs donnent aux Comediens les rend coupables, le scandale que leur mauvais exemple cause, sert à rendre leur assistance plus criminelle; c'est ce qu'il prouve par un passage de saint Jean Chrysostome, cité dans le Chapitre precedent.

Del Monacho n'oublie pas le danger où s'expose le spectateur des Comedies: il pretend que la Comedie est une occasion prochaine du peché mortel; son raisonnement est solide, le voicy. Toute action qui fait tomber souvent dans le peché mortel le plus grand nombre des personnes qui la pratiquent, est une occasion prochaine de peché mortel. Or il est certain que la Comedie excite des désirs, & fait tenir des discours criminels à presque tous les jeunes gens spectateurs des Comedies, & qui en font le plus grand nombre. Donc c'est une occasion prochaine de peché mortel; or saint Charles veut qu'on refuse l'absolution à ceux qui ne veulent pas quitter l'occasion prochaine, & qu'on la differe à ceux qui ne peuvent pas la quitter.

Il appuye toute cette Doctrine sur ces paroles de David: *Heureux est celuy qui* ne se laisse point aller au conseil des impies, qui ne marche point dans la voie des pecheurs, & qui ne s'assied point dans la chaire des moqueurs. Tertullien se sert de ce verset du premier Psaume pour verifier que l'Ecriture sainte défend d'aller aux Spectacles, comme elle défend l'homicide, l'adultere & le vol. Mariana Jesuite, au livre 3 *De Rege & Regis institutione*, *Cap. de Spectaculis*, dit qu'on approuve les choses qui nous réjoüissent, & que nous nous laissons entraîner par le poids de nôtre misere, à faire pis que nous n'avons vû. Ce Jesuite conclut : *Censeo ergo licentiam Theatri afferre certissimam peste moribus Christianis.* J'estime donc que la liberté qu'on se donne d'assister aux Spectacles du Théatre, est assurement une peste pour les mœurs des Chrétiens. Comitolus aussi Jesuite, lib. 5. Resp. Moral. q. 11. raisonne ainsi : C'est commettre un peché mortel, que de prendre plaisir à une action qui est peché mortel, ou qui ne se peut faire sans peché mortel ; or les Comedies ne peuvent se representer sans peché mortel.

La troisiéme partie de l'Ouvrage de del Monacho, propose les raisons apparentes des mondains pour défendre la

Comedie, & dont il fait voir le fort & le foible. La premiere est, que les Spectacles ne sont pas défendus dans le Decalogue. Il repond. 1°. Par l'explication de Tertullien sur le 1. Ps. cité cy devant. 2°. Par les vœux du Baptême, par lesquels nous avons renoncé au demon, au monde, & à ses pompes que les Théatres étalent. 3°. Par saint Jean Chrysostome, qui soutient que le commandement du Decalogue, *Non concupisces*, renferme la défense des Spectacles qui reveillent & qui excitent la Concupiscence.

La seconde raison tirée de l'infamie des Spectacles anciens, qui avoit porté les saints Peres à les condamner, est refutée par les saints Peres mêmes qui les ont condamnez pour des raisons qui subsistent encore, comme on la fait voir.

La troisiéme est, qu'il n'y a pas plus de mal à voir representer les Comedies qu'à les lire. 1°. Il est dangereux de les lire, & l'on doit s'en abstenir. 2°. Il y a bien de la difference selon Ciceron & Quintilien, entre l'impression que fait la lecture d'un discours, & celle de la prononciation du même discours accompagné du son de la voix & des gestes.

La Comedie representée est encore ac-
compagnée de la pompe du Théatre,
de la vûë des Comediens, de la magni-
ficence des habits, des danses, des in-
strumens de musique ; ce qui la rend
aussi dissemblable de la lecture, qu'un
corps vivant est different d'un corps
mort qui a des yeux sans feu, des pieds
sans mouvement, des membres sans action. Telle est la Comedie sur le papier ;
on y voit le corps des passions sans ame,
mais il y a beaucoup de personnes d'un
temperament si tendre, que la lecture
des Comedies & des Romans les enfla-
me facilement : c'est pourquoy ces le-
ctures sont defenduës.

La 4.me raison est une idée de correction des mœurs que les Comediens ont
voulu donner, pour justifier les Comedies. Mais il repond qu'on n'a jamais
vû de conversion par la Comedie ; Jesus-Christ ne nous a pas donné de tels
maîtres de la vertu. 2°. Ces Comedies
divertissent les personnes dont elles cri-
tiquent les passions. L'on verra encore
une autre reponse bien judicieuse dans
la Section 8. du 4.me Chapitre suivant.

La cinquiéme, est une ignorance pre-
tenduë de la condamnation de la Co-

medie. Mais il répond. 1°. avec Sanchez, qu'il n'y a que l'ignorance invincible qui pourroit excuser : or il n'y a personne qui n'ait oüi parler qu'il y a des gens qui condamnent la Comedie. 2°. Il suffit d'avoir lû l'Evangile, pour estre convaincu que la Comedie ne peut pas s'accorder avec les maximes de ce Livre divin. 3°. Si on a trouvé des Docteurs favorables à la Comedie, c'est un malheur dont le Sauveur a menacé, en disant : *Si un aveugle en conduit un autre, ils tomberont tous deux dans la fosse*, Matth. 15. v. 14. Del Monacho fait icy une belle morale aux Chrétiens qui aiment & qui cherchent des Confesseurs faciles & complaisans ; c'est la source des désordres du siecle. Il conclut avec saint Ambroise, qu'il faut que les Predicateurs prêchent, que les Confesseurs disent, & que les Auteurs écrivent contre les passions, quoy qu'ils connoissent l'opiniatreté des hommes.

La quatriéme & derniere partie de l'Ouvrage de del Monacho, se reduit à trois remedes qu'il propose contre les maux causez par la Comedie. Le premier seroit de purger les Piéces du Théatre ; ce qui sera impossible , dit-il , tant que les hommes & les femmes y parleront d'amour.

Le second remede & le plus sûr , seroit de chasser les Comediens : il appuye cét avis par celuy de Menochius , qui porte que les Princes & les Magistrats sont obligez de faire leurs diligences pour les chasser des Villes ; & par celuy de saint Charles Boromée , qui dit la même chose en son 1. Concile de Milan , partie 2.

Le troisiéme remede , est de Mariana Jesuite , au livre 3 *de Rege & Regis institutione, Cap. de Spectaculis* , qui croit qu'on doit publier la Doctrine contre la Comedie , parce qu'il y aura toûjours quelqu'un qui en pourra profiter , & qui preferera son salut à un plaisir si dangereux.

SECTION SECONDE.

Ouvrages Italiens du Pere Ottonelli Iesuite.

IL y a aussi dans la Biblioteque du Roy trois Volumes in 4°. contre la Comedie , écrits en Italien par le R. P. Jean Dominique Ottonelli Jesuite de la Ville de Tagnane en Italie.

Le premier volume, est un Ouvrage separé des deux autres, intitulé, *De la moderation Chrétienne du Théatre*, imprimé à Florence en 1645. Le Pere Ottonelli y répond à l'Ouvrage d'un fameux Comedien Italien, appellé Nicolo Barbieri surnommé Beltrame, & à deux autres écrits de deux Comediens Italiens, nommez Cecchino & Andreino, surnommé Lelio. L'Ouvrage de ce Jesuite est divisé en deux parties. La premiere Partie contient quatre Chapitres, & chaque Chapitre plusieurs questions. Dans le 1. Chapitre il expose les raisons justificatives de la Comedie, rapportées par Beltrame, & il les combat par les Saints Peres, par les Théologiens, par les Casuistes, & par de forts raisonnemens. Je ne les rapporteray pas, parce que ce sont les mêmes principes & preuves que celles de del Monacho, ausquelles il a donné un tour tres-délicat & tres-agréable. Dans le 2. il propose les preuves du Comedien, pour autoriser l'usage de faire monter les femmes sur le Théatre, & les y faire parler d'amour; il met en poudre ces preuves, & établit solidement que cét usage est tres-criminel & tres-dangereux; ce qu'il

continuë de faire dans le Chapitre 3.
où il estime ce point décisif contre la
Comedie. C'est pourquoy dans le Chap.
4. il fait voir que cét usage est opposé à
la pudeur du sexe, tres-dangereux pour
les jeunes gens qui y assistent, & la four-
ce de beaucoup de désordres.

Dans la seconde Partie, il parle des
Comedies peu modestes, & il les condamne. Il prouve que celles de ce siecle
sont de ce caractere, parce que les femmes s'y entretiennent d'amour avec les
hommes, ce que les saints Peres ont fait
voir estre tres-mauvais & tres-dangereux ; & que plusieurs endroits des saints
Péres sont autant les censures des Comedies de nôtre siecle, que de celles de
leur temps.

Le second Ouvrage du Pere Ottonelli
Jesuite, qu'il a aussi intitulé, *De la mo-*
deration Chrétienne du Théatre, est aussi
imprimé à Florence en 1652. & il la
partagé en deux Volumes.

Le premier Volume contient trois
Traitez. Le premier regarde les Comediens mercenaires, qui gagnent leur vie
à joüer sur le Théatre des pieces d'a-
mour avec des femmes, d'une maniere
peu modeste ; ce qu'il accuse estre une

profanation du Christianifme, & un métier injufte pour gagner de l'argent. Il faut remarquer que les Italiens ont deux fortes de Comediens, fçavoir des mercenaires dont je viens de parler; & des domeftiques, dont les Acteurs font des perfonnes de famille qui ne gagnent pas d'argent à joüer. Ce Jefuite foutient que s'ils joüent avec des femmes des Piéces d'amour, ils ne peuvent pas eftre excufez, puis que c'eft le principe de la condamnation des Comediens mercenaires.

Dans le fecond Traité, il étend les reponfes qu'il avoit déja fait à Beltrame. Dans le troifiéme, il donne des avis aux Charlatans, qui font de ne pas tromper en vendant leurs Drogues. Il rapporte en détail leurs artifices, il leur défend de dire des paroles bouffonnes & mal honneftes pour attirer le peuple, & corrompre les jeunes gens qui les entendent.

Le fecond Volume eft divifé en quatre Chapitres. Dans le premier il examine les motifs qui doivent porter les Prédicateurs & les Confeffeurs, à faire des inftances pour obtenir la modération du Théatre; ces motifs font le zele

pour le salut des ames , & les défor-
dres que les Théatres causent. Dans le
second Chapitre , il continuë la necessité
de ces instances auprés des Superieurs.
Dans le troisiéme Chapitre , il nomme
les Superieurs ausquels il faut s'adresser,
sçavoir les Papes , les Prélats & les
Princes; il conclut qu'il seroit & plus
sûr, & plus utile de défendre absolument les Spectacles, que d'entreprendre de les moderer ; car pour moderer
& purifier les Spectacles, il faut bannir les expressions tendres , & les sujets
qui regardent l'amour des femmes.

La coûtume du païs où il écrit, luy
fait sentir la difficulté de faire recevoir
la verité de ces maximes ; il montre ces
veritez Chrétiennes qu'il a découvert
dans les bonnes sources, par l'organe
des Auteurs & des passages pleins d'é-
rudition.

Il fait parler en sa place le Pere Adam
Contzen en ces termes : *Affectum aman-
tis numquam verbis aut gestibus expri-
mant, ne eo quidem fine, ut calamitosus
exitus impudicitiæ ostendatur, quia moribus
libidinosis contagionis minima aura trans-
funditur : alienas libidines improvida mentes
dura non audiunt : nulla scenam mulier*

engrediatur , absit à Theatro etiam habitus illius sexus. Le Comedien ne doit jamais exprimer la tendresse d'un amant, ni par paroles ni par gestes, non pas même pour faire voir le sort infortuné de l'impureté ; la moindre haleine se communique, les esprits dissipez n'entendent pas en sureté l'histoire des passions d'autruy : qu'aucune femme ne monte sur le Théatre, que son habit même n'y paroisse pas. Beltrame dit, en vain qu'on parle d'amour dans les Comedies, afin d'en découvrir les effets : car il est certain, dit le Pere Ottonelli, qu'on y parle long temps & avec plaisir de cette passion, & qu'on y parle tres-peu du remede, & toûjours inutilement. Puis il cite en cet endroit les paroles de Tertullien, si dignes d'un Chrétien des premiers siecles, & dont nous ne sentons plus la verité, parce qu'en nous éloignant de ces tems heureux, nous avons toûjours dégeneré de la vertu de nos Peres.

Voicy les paroles de Tertullien au Chap 25. de son Traité des Spectacles : *In omni Spectaculo nullum magis scandalum occurrit, quàm ille ipse mulierum & virorum accuratior cultus ; ipsa consensio,*
ipsa

ipsa in favoribus aut conspiratio aut dis-
sensio inter se, de commercio scintillas libidi-
num conflabellant. Nemo denique in Spe-
ctaculo ineundo prius cogitat nisi videri &
videre. Il ny a rien de plus scandaleux
dans tous les Spectacles, que de voir
avec quel soin & quel agrément les hommes & les femmes y sont parées : les expressions même de leurs sentimens conformes ou differens pour approuver ou
désaprouver les choses dont ils s'entretiennent, ne servent qu'à exciter dans
leurs cœurs des passions déreglées. Enfin
nul ne va à la Comedie qu'à dessein d'y
voir, ou d'y estre vû.

Il confirme son sentiment en plusieurs
endroits par celuy de del Monacho : il
loüe l'Ouvrage de ce savant Sicilien,
& la solidité de ses sentimens qui sont
d'autant plus à suivre, qu'il avoit écrit
depuis peu contre la Comedie du siecle,
en connoissant les mauvais effets dans
la pluspart de ceux qui y vont.

Le Pere Ottonelli cite ces paroles de
la page 30, de l'Avertissement de del
Monacho : *Honesti ludi ij sunt in quibus*
nulla omnino mulier, nulla lascivies, amor
nullus. Ces jeux là seulement peuvent
passer pour honnestes, dans lesquels on

D

ne voit pas paroître de femmes, où il n'y
a rien qui puisse donner de mauvaises
pensées, ni réveiller ou exciter un amour
déreglé. D'où il conclut que les Comedies de ce siecle ne se joüans jamais sans
femmes, sans expressions tendres, capables de donner de mauvaises pensées,
& qui excitent souvent un amour déreglé ; il faut dire que les Comedies ne
sont pas des jeux honnestes, mais tres-
criminels & tres-dangereux.

SECTION TROISIEME.

*Traité de la Comedie ; du troisiéme Volume
des Essais de Morale.* A Paris, en 1659.

L'Auteur des Essais de Morale se
plaint d'abord de la corruption
de son siecle, qui est venuë jusqu'à
l'excés de vouloir allier la pieté Chrétienne avec l'esprit du monde, par l'entreprise de vouloir justifier la Comedie.
Peut-être qu'il veut parler d'Hedelin
qui avoit écrit en 1657. pour la Comedie, comme je l'ay dit dans la Pre-
face. Pour combatre une entreprise
si témeraire, il examine la vie des Co-

mediens, la matiere & le but des Comedies, les effets qu'elles produifent
d'ordinaire dans l'efprit de ceux qui les
reprefentent, ou qui les voyent reprefen-
ter; & il compare enfuite tout cela
avec la vie, les fentimens & les devoirs
d'un veritable Chrétien.

Il attaque d'abord les Pieces des Poëtes
qui introduifent les Saints & les Saintes fur le Théatre, & qui pour les rendre agréables, ont reprefenté la dévo-
tion de ces Saints de Théatre toûjours
un peu galante. On remarque que la
difpofition au martyre n'empêche pas
la Theodore de Mr. Corneille de parler
en ces termes :

Si mon ame à mes fens étoit abandonnée,
Et fe laiffoit conduire à ces impreffions
Que forment en naiffant les belles paffions.

Et l'humilité de Théatre fouffre auffi
qu'elle reponde de cette forte en un autre
endroit :

Cette haute puiffance à fes vertus renduë,
L'égale prefque aux Rois, dont je fuis
defcenduë,
Et fi Rome & le tems m'en ont ôté le rang,
Il m'en demeure encore le courage & le fang.
Dans mon fort ravalé je fçay vivre en
Princeffe.

Ie fuis l'ambition, mais je hay la foi-
blesse.

Il fait voir enfuite que les paffions qui
ne pourroient caufer que de l'horreur,
fi elles étoient reprefentées telles qu'elles
font, deviennent aimables par la maniere dont elles font exprimées. Il rapporte pour exemple les vers fuivans, où la
rage de la fœur d'Horace eft reprefentée.

Oüi je luy feray voir par d'infaillibles
marques,
Qu'un veritable amour brave la main des
Parques,
Et ne prend point de loy de ces cruels ty-
rans,
Qu'un fort injurieux nous donne pour pa-
rens.
Tu blâme ma douleur, tu l'oʒes nommer
lache,
Ie l'aime d'autant plus, que plus elle te
fache.

Enfin l'Auteur dit qu'on trouve dans
prefque toutes les Comedies & dans tous
les Romans, les paffions vicieufes ainfi
embellies & colorées d'un certain fard,
qui les rend agréables : d'où il conclut
que s'il n'eft pas permis d'aimer les vices, on ne peut pas prendre plaifir aux
chofes qui ont pour but de les rendre

aimables. Je n'en diray pas davantage, parce que ce Livre est entre les mains de tout le monde.

CHAPITRE III.

SECTION PREMIERE.

Traité de la Comedie & des Spectacles. A Paris, Chez Pierre Promé ruë de la vieille Bouclerie, à la Charité. 1666.

ON trouve une Estampe de M. le Prince de Conti, avec ces quatre vers au dessous :

L'or des Lys immortels qui brille en ta
       Couronne
N'est pas ce que ton sort a de plus éclatant,
C'est que la Grace en ta personne
Fit d'un Prince pecheur un Prince peni-
       tent.

J'ay seulement retranché les premieres pages de ce Traité, mais j'ay copié mot à mot tout le reste.

Si l'on veut regarder la Comedie dans son progrés & dans sa perfection, dit ce pieux Prince, soit pour sa matiere &

pour ses circonstances, soit pour ses effets ; n'est-il pas vray qu'elle a traité presque toûjours des sujets peu honnêtes, ou accompagnez d'intrigues scandaleuses ? Les expressions même n'en sont elles pas sales, ou du moins immodestes? Peut-on nier ces veritez des plus belles Comedies d'Aristophane, & de celles de Plaute & de Terence? Les Italiens qui sont les premiers Comediens du monde, n'en remplissent-ils pas leurs Pieces ? Les Farces Françoises sont-elles pleines d'autres choses ? Et même de nos jours ne voyons nous pas ces mêmes défauts dans quelques unes des Comedies les plus nouvelles?

Quels effets peuvent produire ces expressions accompagnées d'une representation réelle ; que de corrompre l'imagination, de remplir la memoire, & se repandre aprés dans l'entendement, dans la volonté, & ensuite dans les mœurs? Il y a beaucoup de personnes qui assurent qu'ils n'ont jamais reçû aucune impression mauvaise par la Comedie ; mais je soutiens, ou qu'ils sont en petit nombre, ou qu'ils ne sont pas de bonne foy, ou que la seule raison par laquelle la Comedie n'a pas esté cause de la cor-

ruption de leurs mœurs , c'eft parce
qu'elle les a trouvez corrompus, & qu'ils
ne luy ont rien laiffé à faire fur cette
matiere.

Il eft certain que c'eft à tort qu'on
pretend juftifier les Comedies de ce
temps par l'exemple des anciennes, rien
n'étant fi diffemblable qu'elles le font.
L'amour eft prefentement la paffion qu'il
y faut traiter le plus à fonds ; & quelque
belle que foit une piece de Théatre, fi
l'amour n'y eft conduit d'une maniere
délicate, tendre & paffionnée, elle n'aura d'autres fuccés que celuy de dégoûter
les Spectateurs, & de ruiner les Comediens. Les differentes beautez des Pieces
confiftent aujourd'huy aux diverfes manieres de traiter l'amour, foit qu'on le
faffe fervir à quelque autre paffion, ou
bien qu'on le reprefente comme la paffion qui domine dans le cœur. Il eft vray
que l'Herodes de Mr. Henfius eft un
Poëme achevé, & qu'il n'y a point d'a-
mour ; mais il eft certain auffi que la
reprefentation en feroit fort ennuieufe.
Car il faut avoüer que la corruption de
l'homme eft telle depuis le peché , que
les chofes qui l'inftruifent de la vertu ,
ne trouvent rien en luy qui favorife leur

entrée dans son cœur. Il les trouve sei-
ches & insipides, au lieu qu'il court,
pour ainsi dire, au devant de celles qui
flattent ses passions & qui favorisent ses
désirs. Ce n'est donc plus que dans les
Livres de Poëtique que l'instruction est
la fin du Poëme dramatique ; cela n'est
plus veritable, ni dans l'intention du
Poëte, ni dans celle du Spectateur.
Le désir de plaire est ce qui conduit le
premier, & le second est conduit par le
plaisir d'y voir peintes des passions sem-
blables aux siennes : car nôtre amour
propre est si délicat, que nous aimons à
voir les portraits de nos passions aussi
bien que ceux de nos persones. Il est même si incomprehensible, qu'il fait par un
étrange renversement, que ces portraits
deviennent souvent nos modeles, & que
la Comedie en peignant les passions d'autruy, émeut nôtre ame d'une telle maniere, qu'elle fait naitre les nôtres, qu'elle les nourrit quand elles sont nées,
qu'elle les polit, qu'elle les échauffe,
qu'elle les reveille quand elles sont as-
soupies, & qu'elle les rallume même
quand elles sont éteintes. Il est vray
qu'elle ne fait pas ces effets dans toutes
sortes de persones : mais il est vray

auffi qu'elle les fait dans un grand nombre, qu'elle les peut faire dans toutes,
& qu'elle les doit faire même plus ordinairement, fi on confidere de bonne
foy quel eft l'empire naturel d'une reprefentation vive, jointe à une expref-
fion paffionnée, fur le temperament
des hommes. Il eft tous les jours émû
par l'éloquence des Orateurs, il le doit
être à plus forte raifon par la reprefentation des Comedies : ils y ajoûtent
même tout ce qui les peut aider à ce def-
fein ; leur déclamation, leur port, leurs
geftes & leurs ajuftemens. Les femmes
ne negligent rien pour y paroître belles ; elles y reüffiffent quelque fois, &
fi il y en a quelqu'une qui ne le foit pas,
il ne faut pas s'en prendre à la Comedie, rien n'eft plus contre fon intention,
puis qu'elle luy fait tenir la place d'une
perfonne qui a efté l'objet d'une paffion
violente, qu'une Comedienne fans beauté ne reprefente pas fidellement. Mais
ce qui eft plus déplorable, c'eft que les
Poëtes font maîtres des paffions qu'ils
traitent ; mais ils ne le font pas de celles
qu'ils ont ainfi émûës : ils font affurez
de faire finir celles de leur Héros, & de
leur Héroïne avec le cinquiéme Acte,

& que les Comediens ne diront que ce qui est dans leur rôlle, parce qu'il n'y a que leur memoire qui s'en mêle. Mais le cœur ému par cette representation n'a pas les mêmes bornes, il n'agit pas par mesures; dés qu'il se trouve attiré par son objet, il s'y abandonne selon toute l'etenduë de son inclination, & souvent aprés avoir resolu de ne pousser pas les passions plus avant que les Héros de la Comedie, il s'est trouvé bien loin de son compte; l'esprit accoutumé à se nourrir de toutes les manieres de traiter la galanterie, n'étant plein que d'avantures agréables & surprenantes, de vers tendres, délicats & passionnez, fait que le cœur dévoüé à tous ces sentimens n'est plus capable de retenuë. Et quand même ces effets, que je n'ose faire entrevoir, ne s'ensuivroient pas, n'est-ce pas un terrible mal que cette idolatrie que commet le cœur humain dans une violente passion? N'est-ce pas en quelque sens le plus grand peché qu'on puisse commettre? La creature y chasse Dieu du cœur de l'homme, pour y dominer à sa place, y recevoir des sacrifices & des adorations, y regler ses mouvemens, ses conduites & ses interests, & y faire toutes les fonctions de Souverain, qui n'apartiennent qu'à Dieu, qui veut y regner par la charité qui est la fin, & l'accomplissement de toute la loy Chrétienne.

Ne voyez vous pas l'amour traitté de cette maniere si impie dans les plus belles Tragedies & Tragicomedies de nôtre temps ? N'est ce pas par ce sentiment qu'Alcionée mourant par sa propre main, dit à Lidie.

> *Vous m'avez commandé de vaincre, &*
> *j'ay vaincu,*
> *Vous m'avez commandé de vivre & j'ay*
> *vécu,*
> *Aujourd'huy vos rigueurs vous demandent*
> *ma vie,*
> *Mon bras aveuglément l'accorde à vôtre*
> *envie,*
> *Heureux & satisfait dans mes adver-*
> *sitez,*
> *D'avoir jusqu'au tombeau suivi vos*
> *voluntez.*

Rodrigue ne parle t'il pas de même à Chimene, lors qu'il va combatre dom Sanche.

> *Maintenant qu'il s'agit de mon seul in-*
> *terest,*
> *Vous demandez ma mort, j'en accepte*
> *l'arrest,*

Vôtre reſſentiment choiſit la main d'un
        autre,
Ie ne meritois pas de mourir de la vôtre,
On ne me verra point en repouſſer les
        coups,
Ie dois trop de reſpect à qui combat
        pour vous,
Et ravi de penſer que c'eſt de vous qu'ils
        viennent,
Puis que c'eſt voſtre honneur que ſes armes
        ſoutiennent,
Ie vais luy preſenter mon eſtomac ouvert,
Adorant en ſa main la vôtre qui me perd.

En verité peut-on pouſſer la profanation plus avant, & le faire en même
temps d'une maniere qui plaiſe davantage, & qui ſoit plus dangereuſe ? Quoy
qu'on veüille dire que le Theatre ne
ſouffre plus rien que de chaſte, & que
les paſſions y ſont traittées de la maniere
du monde la plus honneſte, je ſoûtiens
qu'il n'en eſt pas moins contraire à la
Religion Chrétienne. Et j'oſe même dire
que cette apparence d'honnêteté, & le
retranchement des choſes immodeſtes le
rend beaucoup plus à craindre. Il n'y auroit que les libertins qui puſſent voir les
Pieces deshonneſtes ; les femmes de qualité & de vertu en auroient de l'horreur,

au

au lieu que l'état prefent de la Comedie
ne faifant aucune peine à la pudeur at-
tachée à leur fexe, elles ne fe défendent pas d'un poifon auffi dangereux &
plus caché que l'autre, qu'elles aval-
lent fans le connoître, & qu'elles aiment lors même qu'il les tuë. Mais pour
pouffer encore davantage cette matiere,
fans fortir pour cela des bornes de la
verité : peut-on appeller tout à fait
honnètes des ouvrages, dans lefquels on
voit les filles les plus feveres écouter les
déclarations de leurs amans, être bien
aifes d'en être aimées, recevoir leurs
lettres & leurs vifites, & leur donner
même des rendez-vous ? J'avoüe que
nonobftant tout cela elles font tout à fait
honneftes, puis qu'il a plû ainfi au Poëte : mais en verité y a t'il perfonne de
tous ceux qui font les plus zelez défen-
feurs d'une fi mauvaife caufe, qui vou-
lût que fa femme ou fa fille fut hon-
nête comme Chimene, & comme toutes
les plus vertueufes Princeffes du Théatre ? Je penfe qu'il fouffriroit affez im-
patiemment dans les unes, ce qu'il ref-
pecte tant dans les autres, & que dés
qu'il verroit cette feverité tant vantée
dans un fujet auquel il prendroit quel-

E

que interest, il reconnoîtroit bien-tôt les fausses vertus pour ce qu'elles sont; c'est à dire, pour des vices veritables.

Mais avant que de faire voir plus à fond qu'elle est l'opposition qui est entre la Comedie & les plus solides fondemens de la Morale Chrétienne, je dois répondre à deux objections que les défenseurs de la Comedie font pour l'ordinaire. J'y satisfais avec exactitude & avec ordre tout ensemble. Ils disent qu'il est vray que la Comedie est une représentation des vertus & des vices, parce qu'il est de la fidelité des portraits de representer leurs modeles tels qu'ils sont; & que les actions des hommes étant mêlées de bien & de mal, il est par consequent du devoir du Poëme Dramatique de les representer en cette maniere ; mais que bien loin qu'il fasse de mauvais effets, il en a de tous contraires, puis que le vice y est repris, & que la vertu y est loüée, & souvent même recompensée. Je ne puis mieux faire voir la foiblesse de cette objection, qu'en repondant avec un savant Prélat de nôtre siecle : *Le remede y plaît moins que ne fait le poison.* Telle est la corruption du cœur de l'homme ; mais telle

est aussi celle du Poëte, qui après avoir
répandu son venin dans tout un Ouvrage d'une maniere agréable, délicate &
conforme à la nature & au temperament,
croît en être quitte pour faire faire
quelque discours moral par un vieux
Roy representé pour l'ordinaire par un
méchant Comedien, dont le rôlle est
desagréable, dont les vers sont secs &
languissans, quelque-fois même mauvais, mais tout du moins négligez ; par
ce que c'est dans ces endroits qu'il se
delasse des efforts d'esprit qu'il vient de
faire en traitant les passions. Y a t'il
personne qui ne songe plûtôt à se re-
créer en voyant joüer Cinna, sur toutes les choses tendres & passionnées qu'il
dit à Emilie, & sur toutes celles qu'elle
luy répond ; que sur la clémence d'Auguste à laquelle on pense peu, & dont
aucun des spectateurs n'a jamais songé
à faire l'Eloge en sortant de la Comedie?

La seconde chose qu'ils objectent,
est qu'il y a des Comedies saintes, qui
ne laissent pas d'être belles, & sur cela
on ne manque jamais de citer Polieucte ; car il seroit difficile d'en citer beaucoup d'autres. Mais en verité, y a t'il
rien de plus sec & de moins agréable

que ce qui est de saint dans cét Ouvrage? Y a t'il rien de plus délicat & de plus passionné que ce qu'il y a de prophane? Y a t'il personne qui ne soit mille fois plus touchée de l'affliction de Severe, lors qu'il trouve Pauline mariée, que du martyre de Polieucte? Il ne faut qu'un peu de bonne foy, pour tomber d'accord de ce que je dis. Aussi Dieu n'a pas choisi le Théatre pour y faire éclater la gloire de ses Martyrs; il ne la pas choisi pour y faire instruire ceux qu'il appelle à la participation de son heritage. Mais, comme dit le grand Evèque que je viens de citer: Pour changer les mœurs & regler leur raison, les Chrétiens ont l'Eglise & non pas le Théatre : l'amour n'est pas le seul défaut de la Comedie ; la vengeance & l'ambition n'y sont pas traittées d'une maniere moins dangereuse. Comme ces deux passions ne passent dans l'esprit de ceux qui ne se conduisent pas par les regles de l'Evangile, que pour de nobles maladies de l'ame, sur tout quand on ne se sert pour les contenter que des moyens que le monde trouve honnêtes : les Poëtes se rendant d'abord les esclaves de ces maximes pernicieuses, en

compofent tout le merite de leurs Heros. Rodrigue n'obtiendroit pas le rang
qu'il a dans la Comedie, s'il ne l'eût
mérité par deux duels, en tuant le Com-
te, & en défarmant Dom Sanche; & fi
l'Hiftoire le confidere davantage par le
nom de Cid, & par fes exploits contre
les Maures; la Comedie l'eftime beaucoup plus par fa paffion pour Chimene;
& par fes deux combats particuliers. Le
recit même de la défaite des Maures y
eft fort ennuyeux, & peu neceffaire à
l'Ouvrage; étant certain qu'il n'y avoit
nulle rigueur en ce temps-là contre les
duels, & n'y ayant pas d'aparence que
la feverité du Roy de Caftille fut fi grande en cette matiere contre la coûtume
de fon fiecle, qu'il n'en pût bien par-
donner deux par jour, même fans le prétexte d'une victoire auffi importante que
celle là. La vengeance n'eft-elle pas encore reprefentée dans Cornelie, comme
un effet de la piété & de la fidelité conjugale, jointe à la force & à la fermeté
Romaine, au troifiéme Acte de la mort
de Pompée, Scene quatriéme, lors
qu'elle dit à Cæfar;

C'eft-là que tu verras fur la terre & fur
    l'onde,

Le débris de Pharsale armer un autre
monde :
Et c'est-là que j'iray pour hâter tes mal-
heurs ,
Porter de rang en rang ses cendres & mes
pleurs ;
Ie veux que de ma haine ils reçoivent des
regles ,
Qu'ils suivent au combat des urnes au
lieu d'Aigles ,
Et que ce triste objet porte à leur souve-
nir ,
Les soins de me venger , & ceux de te
punir.

On ne peut pas dire qu'en cét endroit le
Poëte ait voulu donner de l'horreur de
la vengeance , comme il a voulu en donner de celle de Cleopatre dans Rodogu-
ne ; au contraire c'est par cette vengeance
qu'il prétend rendre Cornelie recōman-
dable , & la relever au dessus des autres
femmes , en lui faisant un devoir , & une
espece même de pieté , de sa haine pour
Cæsar , qui attire le respect & qui la fasse
passer pour une personne heroïque. Mais
il ne croit pas que sa vertu soit dans un
dégré assez haut , s'il ne fait monter sa
pieté vers Pompée , jusques à l'impieté
& au blâphême envers les Dieux de

l'antiquité ; car il la fait parler dans la
premiere Scene du cinquiéme Acte aux
cendres de son mary en cette maniere :

> Moy je jure des Dieux la puissance su-
> preme,
> Et pour dire encor plus, je jure par vous
> même ;
> Car vous pouvez bien plus sur ce cœur
> affligé,
> Que le respect des Dieux qui l'ont mal
> protegé.

Et sur la fin de la Scene quatriéme du
même Acte :

> J'iray, n'en doute point, au partir de
> ces lieux,
> Soulever contre toy les hommes & les
> Dieux :
> Ces Dieux qui t'ont flaté, ces Dieux
> qui m'ont trompée,
> Ces Dieux qui dans Pharsale ont mal
> servi Pompée,
> Qui ta foudre à la main l'ont pû voir
> égorger :
> Ils connoîtront leur crime & le voudront
> venger ;
> Mon zele à leur refus, aidé de sa mé-
> moire,
> Te sçaura bien sans eux arracher la Vi-
> ctoire.

Ce seroit une fort méchante excuse à cette horrible impieté, de dire que Cornelie étoit Payenne; car cela prouve seulement qu'elle se trompoit, en attribuant la divinité à des choses qui ne la possedoient pas; mais cela n'empêche pas que supposé qu'elle leur attribuât la divinité, elle n'eût pas des sentimens effroyablement impies. Cette estime pour Cornelie que le Poëte a voulu donner en cét endroit aux Spectateurs, après l'avoir conçûë luy-même, vient du fond de cette même corruption qui fait regarder dans le monde comme des enfans mal nez & sans merite, ceux qui ne vengent pas la mort de leur peres, ou de leurs parens : ensorte que le public attache souvent leur honneur à l'engagement de se battre contre les meurtriers de leurs proches ; qu'on les éleve dans de si horribles dispositions & qu'on mesure leur merite à la correspondance qu'on trouve en eux, au sentiment qu'on prétend leur donner, que ces sortes de representations favorisent encore d'une maniere pathetique, & qui s'insinuë plus facilement que tout ce qu'on pourroit dire d'ailleurs.

Pour l'ambition qui est proprement la

fille de l'orgüeil, elle est trop honorée dans le monde pour ne l'être pas dans la Comedie. Il faudroit un Volume pour toutes les exemples qu'on en pourroit donner presque dans toutes les Piéces, comme il en faudroit un autre pour combattre cette passion autant qu'elle merite de l'être.

Il donc vray que le but de la Comedie, est d'émouvoir les passions, comme ceux qui ont écrit de la Poëtique en demeurent d'accord : & au contraire tout le but de la Religion Chrétienne est de les calmer, de les abbatre & de les detruire autant qu'on le peut en cette vie. C'est pour cela que l'Ecriture nous apprend que la vie de l'homme sur la terre est un combat continuel, parce qu'il n'a pas plûtôt terrassé un ennemy, que cette défaite en fait naître un autre dans luy-même, & qu'ainsi sa victoire n'est pas moins à craindre pour luy que ses pertes : c'est avec ces armes que la chair fait cette cruelle guerre à l'esprit, qui ne peut vivre qu'en mortifiant les passions de la chair : elles appartiennent à cette loy de mort qui s'oppose continuellement à la loy de l'esprit. De là vient qu'on ne peut être parfait Chrétien que ce corps de peché ne soit détruit, que l'homme celeste ne regne, & que le vieil homme ne soit crucifié. Voila la Religion Chrétienne : voila qu'elle doit être l'application de ceux qui la professent ; voila la doctrine de l'Apôtre saint Paul, ou plûtôt celle du saint Esprit. Et comme les exemples ont un grand pouvoir sur les hommes, dans le même tems que la Comedie nous propose ses Héros livrez à leurs passions, la Religion nous propose Jesus-Christ souffrant pour nous délivrer de nos passions. Ceux qui courent aprés les premiers, regardent Jesus-Christ crucifié comme une folie, & comme une occasion de scandale ; mais ceux qu'il appelle à la participation de sa gloire par le renoncement à leurs désirs & à leur cupidité, le regardent comme la force & la sagesse de Dieu.

Si donc la Comedie en l'état qu'elle est présentement, est si opposée aux maximes du Christianisme : n'est-ce pas encore ajoûter crime sur crime, que de choisir le saint jour du Dimanche pour la joüer ? C'est le jour du Seigneur, il luy appartient tout entier, & si la foiblesse de l'homme ne luy permet pas de

le luy donner absolument par une application actuelle, au moins ne doit-on
prendre que les divertissemens necessai-
res; encore faut-il qu'il ne soient contraires ni à la sainteté du jour, ni à celle
à laqu'elle les Chrétiens sont obligez.
Mais les Comediens font ceder toutes
ces considerations à leur avarice, & les
mauvais Chrétiens à leur plaisir. Saint
Augustin assure que celuy qui danse le
Dimanche fait un plus grand peché que
celuy qui laboure la terre. Je ne pense
pas que selon cette regle on puisse justifier celuy qui va à la Comedie ni celuy
qui la joüe. Il deplore comme un grand
égarement, de ce qu'il pleuroit la mort
de Didon, & qu'il ne pleuroit pas celle de son ame; & les Chrétiens dont
la vie est si courte, au lieu d'employer
les jours saints à racheter leurs pechez
par des dignes fruits de penitence, les
donnent à des divertissemens défendus.
Y a-t-il rien de pareil à cet aveuglement?
Si ce discours peut ouvrir les yeux à
quelqu'un, je seray parvenu à la fin que
je me suis proposée. Pour ceux qui sont
remplis des maximes de la chair & du
monde, & que Dieu par un juste, mais
terrible jugement, à abandonnez aux de-

» firs de leur cœur; je ne m'étonne pas
» qu'ils trouvent de la foiblesse dans mes
» raisonnemens; ils en trouvent dans l'E-
» vangile : ils n'ont pas accoûtumé d'éxa-
» miner les choses par les regles que j'ay
« fuivies. Car comme dit l'Apôtre, l'hom-
« me qui est tout charnel n'est point capa-
« ble des choses qu'enseigne l'esprit de
« Dieu : Elles luy passent pour folie & il
« ne les peut comprendre, par ce que c'est
« par une lumiere spirituelle qu'on en
« doit juger.

SECTION SECONDE.

Dissertation sur la condemnation des Théa-
tres. A Paris , Chez N. Pepingué ,
au bout du Pont S. Michel. 1666.

ET Ouvrage parut la même
année que le Traité de Monsieur le Prince de Conti;
c'est un petit Livre in 12.
Hedelin qu'on en croit l'Au-
teur, s'aplique à faire voir que les Spectacles des anciens ont fait une partie
de la Religion Payenne, & que la representation des Comedies & des Tragedies

gedies étoit un Acte de Religion. Il veut
prouver ensuite que la representation
des Poëmes dramatiques ne peut estre
défenduë par les raisons des anciens Peres de l'Eglise, & il apporte pour autoriser sa proposition, les jeux du Cirque que le grand Constantin & le grand
Theodose firent faire pour le divertissement du peuple : mais on verra dans la
Section suivante la réponse de saint Ambroise. Dans le onziéme Chapitre de
cette Dissertation, on cite des passages
de Tertullien, de saint Cyprien & de S.
Augustin ; mais on n'a rapporté de ces
saints Peres que ce qui accommodoit, &
on a supprimé ce qui condamnoit : néanmoins on ne peut conclure rien autre
chose de ces passages des saints Peres,
sinon que les Poëmes dramatiques sont
moins honteux que les Idolatries des
Spectacles des Payens. Enfin cét Auteur
s'est retranché à dire dans le 12me. &
dernier Chapitre, que la representation
des Comedies & des Tragedies ne doit
pas estre condamnée tant qu'elle sera modeste & honneste ; pourquoy il cite saint
Thomas. Mais il se plaint à la fin de cet
Ouvrage par ces paroles : Il est certain
que depuis quelques années nôtre Thea-

F

» tre se laisse retomber dans sa vieille cor-
» ruption, & que les Farces impudentes,
» & les Comedies libertines, où l'on mêle
» bien des choses contraires aux sentimens
» de la pieté & aux bonnes mœurs, ra-
» nimeront bien-tôt la Justice de nos
» Rois.

SECTION TROISIEME.

Défense du Traité de Mr. le Prince de Conti, touchant la Comedie, & les Spectacles : Ou La Refutation d'un Livre intitulé, Dissertation sur la condamnation des Théatres, par le sieur de Voisin Prêtre, Docteur en Théologie, Conseiller du Roy. A Paris, Chez Iean-Baptiste Coignard, ruë S. Iacques à la Bible d'Or, 1671.

IL y a d'abord une Epitre dédicatoire, à Monsieur le Prince de Conti fils. Le sieur de Voisin à mis ensuite un Abregé trés édifiant de la vie de Monsieur le Prince de Conti, où les principales actions de ce pieux Prince sont décrites, principalement celles que la pieté luy a fait pratiquer, & les sentimens chrétiens qu'elle luy avoit inspiré. Dans la Préface, l'Auteur déclare qu'il se trouve engagé de défendre le Traité contre la Comedie, fait par Mr. le Prince de Conti, parce qu'il l'avoit donné au public par l'ordre de ce Prince quelques mois avant sa mort.

Il rapporte les paroles de la Dissertation, quoy qu'elle eût esté méprisée par les Scavans : il les refute pied à pied, pour empêcher que les foibles & les ignorans ne fussent surpris par ce mauvais Ouvrage ; & il s'aplique à faire voir que les Comedies de ce siecle corrompent le cœur, en rapportant plusieurs morceaux des Comedies les plus frequentées. Cette Refutation est un Ouvrage in 4º de 500. pages : il y a beaucoup d'érudition sur les Jeux & les Spectacles des Payens, on y trouve une longue Tradition des Conciles & des saints Peres contre la Comedie. Cette Tradition est poussée jusqu'au dixseptiéme siecle, par la citation de plusieurs saints & scavans Hommes de chaque siecle, qui ont condamné la Comedie & les Spectacles. L'Auteur répond aux passages de saint Thomas & de saint François de Sales, qui paroissent favorables à la Comedie. Mais comme l'Auteur de la Differtation avoit voulu juftifier les Jeux du Cirque par Conftantin & Théodofe ; le fieur de Voifin luy oppofe l'autorité de faint Ambroife qui les a condamnez dans deux endroits de fes Ouvrages, premierement dans fon Traité de la Fuite du fiecle Chapitre 1. où il dit que le Cirque eft une vanité qui ne fert de rien, la viteffe des chevaux n'eft que vanité, le Théatre eft vanité. Ce faint Docteur dit la même chofe en expliquant le verfet 37. du Pfeaume 118. *Averte oculos meos, ne videant vanitatem.* J'aurois fait un plus long extrait de cét Ouvrage, qui renferme tout ce que les Auteurs pofterieurs ont écrit depuis, mais il auroit falu ufer de redites.

SECTION QUATRIEME.

Extrait du Traité de la Comedie, qui se trouve dans L'Education Chrétienne des Enfans selon les maximes de l'Ecriture sainte, & les Instructions des saints Peres de l'Eglise. Chez Iean-Baptiste Coignard ruë S. Iacques, à la Bible d'or. 1672.

L'Auteur cite l'endroit de Tertullien au Chapitre 28. du Livre des Spectacles, d'une femme Chrétienne, laquelle étant allée au Théatre & à la Comedie, en revint possedée du diable, & que les Exorcistes demandans au demon comment il avoit osé attaquer une Chrétienne, il répondit qu'il l'avoit fait sans crainte, parce qu'il l'avoit trouvée dans un lieu qui luy appartenoit, *Inveni ine meo.* Il continuë par saint Augustin, qui remarque dans le troisiéme Livre de ses Confessions, Chapitre 2. qu'encore qu'il n'y ait rien que de feint dans les Representations, l'on ne laisse pas de prendre part à la joye de ces Amans de Théatre, lors que par leurs artifices ils font réüssir leurs impudiques désirs ; qu'on ne prend pas de plaisir dans les

Comedies si l'on n'y est touché de ces
avantures Poëtiques qui y sont repre-
sentées, & dont cependant on est d'autant plus touché, que l'on est moins gueri
de ces passions. L'Auteur conclut de ces
principes, que plus les Enfans témoi-
gnent d'empressement pour les Comedies, moins on leur doit permettre d'y
aller ; parce que l'empressement est une
marque de l'inclination qu'ils ont au
luxe, à la pompe, à la sensualité, à la
délicatesse, à l'oisiveté, à la molesse,
aux artifices, & aux déguisemens. Ce
sont les passions qui se fortifient par les
Representations des Théatres, & que les
parens doivent s'efforcer de bannir du
cœur de leurs enfans.

***

SECTION CINQUIEME.

*Idée que Mr. l'Abbé Fleury a donnée de
la Comedie dans Les Mœurs des Chrétiens, imprimez en 1682.*

CEt Abbé remarque qu'il y avoit
peu de divertissemens qui fussent à
l'usage des Chrétiens, & qu'ils fuioient
tous les Spectacles publics, soit du

Théatre, ou de l'Amphithéatre, ou du Cirque. Il dit qu'on joüoit au Théatre les Tragedies & les Comedies, qu'à l'Amphithéatre se faisoient les combats des Gladiateurs ou des bêtes, & qu'au Cirque on voyoit les courses des chariots.

Il cite saint Cyprien dans la seconde Epitre, qui nous apprend que les Chrétiens regardoient ces Spectacles comme une grande source de corruption pour les mœurs : le Théatre étoit une école d'impudicité, l'Amphithéatre de cruauté, & saint Augustin ajoûte dans le sixiéme Livre de ses Confessions Chapitre 7. que le Cirque qui paroissoit le plus innocent causoit des factions, & produisoit tous les jours des querelles & des animositez furieuses. Enfin il conclut que les Chrétiens blamoient la grande dépense de ces Spectacles, l'oisiveté qu'ils fomentoient, la rencontre des hommes & des femmes qui s'y trouvoient mêlez & disposez à se regarder avec trop de liberté & de curiosité. Tout cela ne se rencontre-t-il pas pas dans nos Comedies ?

Contre les Chansons mondaines.

AYez un foin tout particulier d'empêcher vos Enfans d'aprendre des
Chanfons mondaines. Je ne puis vous
trop recommander cét avis, ni vous exprimer comme il faut, les maux que cau-
fent les Chanfons malheureufes qui font
tout le divertiffement & toute la joye de
ceux qui fuivent les maximes du fiecle.

Dieu nous a donné des yeux, une
bouche & des oreïlles, afin, dit S. Jean
Chryfoftome, que nous les confacrions
à fon fervice, que nous ne parlions que
de luy, que nous n'agiffions que pour luy
que nous ne chantions que fes loüanges,
que nous luy rendions de continuelles
actions de graces, & que par ces faints
exercices nous purifirions le fond de nos
cœurs. Cependant au lieu d'en faire cét
ufage, nous les profanons en des paroles
& des actions toutes vaines & fuper-
fluës, & même mauvaifes & dangereufes.

Qui eft celuy de vous tous qui m'écoutez maintenant, ajoute ce Pere, qui me
pourroit dire par cœur aucun Pfeaume,
ou quelqu'autre partie de l'Ecriture, fi

je luy demandois ? Il ne s'en trouveroit
pas un seul, & ce qui est encore plus à
déplorer, c'est que dans cette indiferen-
ce pour les choses saintes, vous avez en
même temps une ardeur qui passe celle
du feu même, pour des choses détestables
qui ne sont dignes que des demons. Car si
quelqu'un vous prioit au contraire de luy
dire quelqu'une de ces Chansons infames, & de ces Odes honteuses & dia-
boliques, il s'en trouveroit plusieurs qui
les auroient apprises avec soin, & qui
les reciteroient avec plaisir.

Ne pensez pas que ces paroles soient
trop fortes, pour être appliquées aux
Chansons qui sont communes parmy le
monde, & qu'on apprend aux enfans
dés qu'ils commencent à parler. Celles
qui passent pour les plus honnêtes, renferment bien souvent le poison le plus
subtil, & si vous examinez toutes celles
que vous avez jamais oüies, vous remarquerez qu'il n'y en a point qui ne blessent ou la verité, ou la charité, soit en
donnant de fausses loüanges aux choses,
& aux personnes qui n'en méritent point,
soit en déchirant l'honneur & la repu-
tation du prochain. Vous remarquerez
qu'il n'y en a presque point qui ne soient

pleines des médisances & des calomnies les plus atroces, & qui ne soient des satyres sanglantes, où l'on n'épargne ni la Personne sacrée des Souverains, ni celle des Magistrats, ni celle des personnes les plus innocentes & les plus pieuses. Vous remarquerez qu'il n'y en a presque point qui ne flatent avec ce fard qui en déguise l'horreur, & en fait aimer l'injustice & l'infamie, qui ne soient employées à faire éclater des flammes criminelles, qui ne soient remplies d'équivoques deshonnêtes, & qui ne portent dans l'imagination des idées si sales & si honteuses, qu'il est impossible qu'elles ne blessent entierement la pureté.

Cependant combien y a-t-il de peres & de meres qui souffrent sans scrupule que leurs enfans se remplissent l'esprit & la mémoire de ces Chansons, qu'ils les chantent en leur presence & avec plaisir; de sorte qu'en les répetant librement, ils s'accoutument insensiblement à perdre la honte & la pudeur, qui les feroit rougir dans un âge plus avancé de les entendre, si on ne les avoit accoûtumez de bonne heure à ce langage corrompu.

Lactance dans l'Abregé qu'il a fait de ses Institutions, dit qu'un des effets funestes de ces Chansons, est de laisser dans le cœur une tres-grande disposition au crime & au libertinage ; en sorte que ceux qui les aiment & qui en font leur divertissement, se laissent facilement engager dans le désordre & dans l'impieté. Il ajoûte qu'elles donnent du dégoût pour toutes les choses saintes, & sur tout pour les saintes Ecritures, parce que la nature corrompuë n'y trouvant rien qui la flatte, elle s'en dégoûte, & prefere injustement ces Vers & ces Chansons miserables, qui touchent & entretiennent ses passions, aux veritez que ces Livres saints luy découvrent & qui condamnent ses dereglemens.

Quel soin les peres & les meres ne doivent-ils donc pas avoir, de preserver leurs enfans de cette peste qui corrompt presque tout le monde ? Quelle faute ne commettent-ils point, non seulement lors qu'ils se plaisent à entendre chanter ces Chansons mondaines par leurs enfans ; mais même à les leur apprendre eux-mêmes ? Saint Cyprien en parlant des peres & des meres qui faisoient manger à leurs enfans des viandes offertes aux Idoles, fait dire aux enfans ces paroles étonnantes : Nos propres peres ont esté nos parricides ; Et saint Augustin expliquant ce Passage, dit qu'encore que les enfans n'ayans point de part à cette action criminelle par leur volonté, ne mourussent pas réellement dans l'ame, néanmoins leurs peres ne laissoient pas d'être leurs homicides, parce que entant qu'il dépendoit d'eux, ils faisoient mourir spirituellement leurs ames.

Combien les meres qui apprennent à leurs enfans des Chansons de médisance ou d'impudicité, sont elles plus coupables que celles dont parle saint Cyprien ? Car enfin les viandes offertes aux Idoles sont des creatures de Dieu ; mais ces Chansons ne sont que des productions du diable qui les compose par ses ministres. Ces viandes ne corrompoient réellement ni l'ame ni le corps des enfans, elles ne faisoient que passer en eux comme les autres viandes, sans y faire aucune impression maligne ; au lieu que ces Chansons sacrileges corrompent l'esprit de ceux qui les chantent, & que demeurant dans la mémoire elles leur sont une tentation pour toute leur vie

En

En effet, comme remarque excellem-
ment Lactance, quelque douceur qu'il y
ait dans les sons harmonieux qui flattent nos oreilles, on les peut aisément
méprifer, parce qu'ils ne laiffent point
d'impreffion dans le cœur, & qu'ils ne
s'attachent point pour ainfi dire à la fub-
ftance de l'ame. Mais les vers qui font
animez du chant, la charment par leur
douceur, ils s'emparent de l'efprit de
l'homme, & le pouffent avec impetuofi-
té où il leur plaît, ils luy perfuadent
tout ce qu'ils luy font trouver agréable;
& peu s'en faut qu'ils ne furprennent &
qu'ils ne s'emparent entiérement de toute la volonté, pendant qu'ils flattent les
fens. Vous ne devez donc, conclut cét
Auteur, trouver rien de doux à vos oreilles, que ce qui nourrit vôtre ame & la
rend meilleure; & il faut particuliérement vous appliquer à détourner du vice
cét organe qui nous a été donné de Dieu
pour entendre fa Verité, & recevoir fa
Doctrine. Si vous vous plaifez au Chant
& à la Poëfie, plaifez vous à chanter
les loüanges de Dieu; il n'y a de plaifir
veritable que celuy qui eft accompagné
de la Vertu.

Voilà Peres & Meres ce que vous devez

inspirer de bonne heure à vos Enfans. Ne souffrez jamais qu'on fasse ou qu'on dise en leur presence la moindre chose indigne de la modestie, de la prudence & de la charité qu'on doit au prochain, dont vous faites profession en qualité de Chrétiens. Ne leur permettez point d'oüir des Chansons effeminées & lascives, de peur que ce ne soit un malheureux charme qui amolisse leurs ames, & qui leur fasse perdre toute vigueur. N'endurez point que des bouches qui doivent estre un jour sanctifiées par la nourriture celeste du Corps de Jesus-Christ, soient profa-nées par des Chansons infames, & que des langues qui doivent être teintes dans le Sang du Sauveur, se servent d'un lan-gage tout corrompu.

Ayez toûjours presentes à vôtre esprit ces excellentes paroles de S. Paul dans l'Epitre aux Ephesiens, Chapitre 5 vers. 3. 4. 17. & 19. qui renferment les regles de la conversation des Fidelles : « Qu'on n'entende pas seulement parler « parmy vous de fornication, ny de quel-« que autre impureté que ce soit, ny d'a-« varice, comme on n'en doit point oüir « parler parmy des Saints. Qu'on n'y en-« tende point de paroles deshonnêtes, fol-

les & boufonnes, ce qui ne convient ,,
pas à vôtre vocation ; mais plûtôt des ,,
paroles d'actions de graces. Ne soyez ,,
pas indiscrets, mais sçachez discerner ,,
quelle est la volonté du Seigneur, vous ,,
entretenant de Pseaumes, d'Hymnes & ,,
de Cantiques spirituels, chantant & psal- ,,
modiant du fond de vos cœurs à la gloi- ,,
re du Seigneur. Que toutes les paroles ,,
deshonnêtes soient bannies de vôtre bou- ,,
che. Que la parole de Jesus-Christ ha- ,,
bite en vous avec plenitude, & vous ,,
comble de sagesse. Instruisez-vous & ,,
exhortez-vous les uns les autres par des ,,
Pseaumes, des Hymnes & des Canti- ,,
ques spirituels.

Vous voyez par ces paroles de l'Apôtre, qu'il n'est pas permis aux Chrétiens
de dire la moindre parole non seulement deshonnête, mais même peu serieuse, ou qui tienne pour peu que ce
soit de la boufonnerie, bien loin d'en
faire toute leur joye & tout leur divertissement. Et s'ils chantent, il faut, dit
saint Augustin, que ce soit des Pseaumes, des Hymnes & des Cantiques spirituels, afin que par le plaisir qui touche l'oreille, l'esprit encore foible s'é-
leve dans les sentimens de pieté, & qu'é-

G ij

tant plus ardemment touché de devotion par les chants animez de la parole divi-ne, il reçoive avec plus de respect & de douceur les veritez qu'elle renferme & s'en occupe plus utilement.

Les peres & les meres qui ne se feront pas efforcez de suivre ces regles de l'A-pôtre dans l'Education de leurs Enfans, & qui ne leur auront pas absolument dé-fendu ces Chansons corrompuës, seront d'autant plus coupables devant Dieu, qu'il leur est plus facile dans ce siecle de les en détourner. Car il y a plusieurs personnes de pieté qui ont travaillé avec beaucoup de succés, à mettre en vers les Pseaumes, les Hymnes & les Cantiques de l'Eglise. Il y en a beaucoup qui ont fait des Chansons spirituelles fort agréables : & l'on a mis ces Pseaumes, ces Hymnes & ces Chansons spirituel-les, sur des chants & des airs fort har-monieux, & qui divertissent agréable-ment l'esprit, le portent à Dieu, & nourrissent la pieté dans les ames.

CHAPITRE IV.

SECTION PREMIERE.

Lettre d'un Théologien illustre par sa qualité & par son merite. A Paris, Chez Iean Guignard. 1694.

ETTE Lettre a été mise au commencement du Volume des Piéces de Théatre du Sieur Boursault. L'Auteur y feint avoir esté consulté, si la Comedie pouvoit être permise, ou si elle étoit défenduë absolument. Il tâche de faire l'Apologie des Comedies de ce siecle, qu'il veut autoriser par deux passages de saint Thomas, & par un de saint Antonin. Il prévient l'objection qu'on pouvoit tirer des Saints Peres, pour combattre son Sisteme. Afin de réüssir dans ce dessein, il a choisi tous les passages des anciens Peres, particuliérement de Tertullien, de saint Cyprien & de saint Jean Chrysostome, qui condamnent les Spectacles à cause de l'Idolâtrie que l'on y representoit. Je suis

G iij

convenu dans le premier Chapitre de cét Ouvrage, que c'étoit là un des motifs de la condamnation des Spectacles ; mais qu'il étoit de la bonne foy de dire que ce n'étoit pas le seul motif, comme on la pû voir par les passages des Saints Peres que j'ay rapportez.

Cét Auteur a presque copié la Dissertation de la condamnation des Théâtres, & ce qu'il y a ajoûté, peut faire plus de tort à son dessein, que luy être avantageux ; nous en verrons des preuves dans les Extraits suivans. Je ne veux citer icy qu'une faute grossiere contre le bon sens, qui est aprés qu'il a dit dans la page 38. Tous les jours à la Cour, les
,, Evêques, les Cardinaux, & les Nonces
,, du Pape ne font pas difficulté d'assister à la Comedie ; & il ny auroit pas
,, moins d'imprudence que de folie, de
,, conclure que tous ces grands Prélats sont
,, des impies & des libertins, parce qu'ils
,, autorisent le crime par leur presence : c'est
,, bien plûtôt une marque que la Comedie
,, est si pure & si reguliere, qu'il ne peut y
,, avoir de honte ny de scrupule à s'y trouver. Car aprés que ce prétendu Théologien a voulu justifier la Comedie par cét exemple, il se contredit dans la page 58.

où il décide le contraire par ces paroles:
A l'égard de ceux qui vont à la Come- „
die, il y en a qu'il seroit indecent & „
scandaleux d'y voir assister, comme sont „
les Religieux, & sur tout les plus refor- „
mez; & je vous avoüe que j'aurois de la „
peine à les sauver du peché mortel, aus- „
si bien que les Evêques, les Abbez & „
tous les gens constituez en dignité Ec- „
clesiastique. „

Il faut croire que c'est un remords de
conscience qui la fait retracter; mais je
croy que s'il avoit écouté attentivement
tous les remords de ce témoin interieur,
il auroit retracté à la fin de sa Lettre,
tout ce qu'il y avoit avancé, & il auroit
épargné les travaux de beaucoup d'Ecri-
vains. Mais ces travaux ont eu leur uti-
lité, car ils ont fait ouvrir les yeux à
plusieurs personnes de bon sens & de
bonne foy qui alloient à la Comedie,
sans faire attention à toutes les choses
que ces Auteurs ont remarquées.

SECTION SECONDE.

Réponse à la Lettre du Théologien défenseur de la Comedie. A Paris, *Chez Girard, au Palais.* 1694.

CEtte Réponse est le premier Ouvrage qui a paru contre cette Lettre. L'Auteur y parle en Philosophe moral, qui s'applique particuliérement à examiner les effets dangereux que la Comedie peut causer dans l'esprit & dans le cœur.

SECTION TROISIEME.

Lettre Françoise & Latine du Reverend Pere François Caffaro,
A Monseigneur l'Archevêque de Paris. A Paris, *Chez F. Muguet.*

LE Reverend Pere Caffaro assure dans cette Lettre, qu'il a esté sensiblement affligé du scandale qu'a causé la Lettre du Théologien ; il la desavoüe absolument, il reconnoît Monseigneur de Paris pour son Juge né, & d'institution divine en matiére de Doctrine. Il avoüe ensuite qu'il avoit fait une Dissertation Latine sur la Comedie, depuis dix ou douze ans, & qu'il y avoit pris le parti de la justifier sans avoir mûrement examiné la matiére, & par une legerté de jeunesse; il déclare qu'on a ajoûté à son Ecrit ce qu'il n'y avoit pas énoncé, sçavoir l'Approbation tacite de Monseigneur de Paris, & l'air méprisant avec lequel on a traité les Rituels dans la Lettre du Théologien; il reçoit avec soumission la discipline des Rituels, & la doctrine qui en fait le fondement. Enfin il s'offre de faire tout ce que Monseigneur l'Archevêque luy ordonnera pour édifier l'Eglise. Cette Lettre est dattée de Paris le 11. May 1694.

SECTION QUATRIEME.

Lettre d'un Docteur de Sorbonne, à une Personne de qualité, sur le sujet de la Comedie. Chez Mazuel 1694.

CE Docteur s'est appliqué particuliérement à répondre à l'Ordonnance de saint Charles Boromée, citée dans la Lettre du Théologien. Il soû-

tient qu'elle eſt ſuppoſée, qu'il a cher-
ché par tout ſans l'avoir pû trouver,
qu'il n'eſt pas probable qu'un ſaint Evêque, tel qu'étoit ſaint Charles, ait fait
une Ordonnance pour permettre la Comedie, lors qu'on trouve le contraire
dans le premier Concile Provincial de
Milan, où ce ſaint Archevêque parle
avec ſes Suffragans en ces termes : Nous
avons, dit-il, trouvé à propos d'exhor-
ter les Princes & les Magiſtrats, de
chaſſer de leurs Provinces les Comediens,
les Farceurs, les Bâteleurs, & autres
gens ſemblables de mauvaiſe vie, & de
défendre aux Hôtelliers & à tous autres
ſous de griéves peines, de les recevoir
chez eux. Dans le troiſiéme Synode de
Milan, il ordonne auſſi aux Prédicateurs
de reprendre avec force ceux qui ſuivent
les Spectacles, & de ne pas ceſſer de
repreſenter aux peuples, combien ils
doivent les avoir en exécration, & d'employer les preuves tirées de Tertullien,
de S. Cyprien, & de S. Jean Chryſoſtome contre la Comedie, & de montrer
combien elle eſt contraire à la Diſcipline de l'Egliſe, & les maux qu'elle attire ſur le peuple Chrétien. Nous avons
déja dit que ſaint Charles Boromée avoit

fait compoſer un Livre contre la Comedie.

L'Auteur répond auſſi à la tolerance des Magiſtrats, qui ſouffrent les Comediens, & dit qu'il n'y a qu'à conſulter les Regiſtres du Parlement de Paris, où l'on verra comme les Comediens y ſont traitez ; qu'on y trouvera pluſieurs Arreſts qui leur défendent de joüer, à peine d'amende arbitraire & de punition corporelle, quelques permiſſions qu'ils euſſent impétrées. Ce ſont les termes des Arreſts de 1584. & 1588.

SECTION CINQUIEME.

Refutation d'un Ecrit favoriſant la Comedie.

Donare res ſuas Hiſtrionibus, vitium eſt immane.

Donner ſon bien aux Comediens, c'eſt un vice énorme. S. Auguſt. Traité, 100. ſur S. Iean. A Paris, *Chez Iean Couterot, rüe S. Iacques* 1694.

LE Reverend Pere de la Grange Docteur en Théologie, Chanoine Regulier de ſaint Victor, eſt l'Auteur de

cette Refutation. Il congratule le Reverend Pere Caffaro d'avoir désavoüé la Lettre du Théologien, d'où il conclut que le Théologien, sous le mérite duquel on a voulu mettre à couvert la Lettre favorisante la Comedie, n'est qu'un fantôme que les Comediens ont fait paroître. Le plus beau morceau de cét Ouvrage, c'est la réponse à la preuve tirée de S. François de Sales ; car l'Auteur rapporte le chapitre 33. entier de la troisiéme Partie de l'Introduction à la Vie dévote, où sont toutes les dispositions que saint François de Sales demande. Il remarque que si l'on observoit tout ce que ce saint Evêque ordonne à ceux qui veulent aller à la Comedie, les Théatres seroient bien-tost fermez, & il trouve son discours aussi propre à en détourner que ceux des saints Peres, par les dangers qu'il y fait voir ; de même qu'un homme sage ne voudroit pas manger d'une viande, si celuy qui la luy presenteroit, l'avertissoit qu'elle est capable de luy faire un mal considerable. Il continuë ses Reflections sur saint François de Sales, & veut qu'on life les autres Ouvrages de ce Saint pour se convaincre qu'il en est peu entre ceux des anciens
Peres

ſes qui inſpirent un mepris du monde plus entier, & une averſion plus hé-
roïque de ſes maximes & de ſes plaiſirs,
en tâchant d'attirer les ames par une ſa-
geſſe, & une charité cachée ſous une in-
dulgence apparente. A regarder les plaiſirs du monde ſous une idée métaphyſi-
que, qui les ſepare des plus grands déſordres, il ſemble les permettre : cependant il exige des diſpoſitions dans leur
uſage, qu'on ne ſçauroit tenter de garder
avec fidelité ſans renoncer à tous ces plaiſirs. C'étoit la fin qu'il s'étoit propoſée,
ſoit par la comparaiſon de la Comedie
avec les champignons ſi decriez par les
Medecins, ſoit par le dénombrement
des vices qui en ſont les ſuites funeſtes &
ordinaires, comme les querelles, les en-
vies, les mocqueries, les folles amours.

Les conſiderations que ce ſaint Evêque de Genéve deſire que l'on faſſe dans
l'uſage de ces plaiſirs, ſont auſſi difficiles
que les diſpoſitions. Monſieur de la
Grange les rapporte ainſi : La premiere
eſt de penſer que pluſieurs ames brûlent
dans l'Enfer pour des pechez commis au
Bal & à la Comedie. La deuxiéme,
que pluſieurs Religieux & perſonnes de
pieté ſont à la même heure occupez à

H

chanter les loüanges de Dieu. La troisiéme , que tandis qu'on goûte ces plaisirs ,
mille milliers d'hommes & de femmes
souffrent de grands maux dans leurs lits ,
dans les Hopitaux , dans les ruës , la
goute , la gravelle , la fievre ardente ; &
qu'il viendra un tems où l'on se trouvera
dans le même état. La quatriéme , que
Jesus-Christ , la sainte Vierge , & les
Saints voyent ceux qui sont dans ces
assemblées. La cinquiéme , le tems qu'on
y perd , & la mort qui s'aproche.

On voit dans cét Ouvrage des peintures du Théatre Italien , où l'on débite
tant de mauvaises & dangereuses plai-
santeries.

<hr>

SECITON SIXIEME.

Décision faite en Sorbonne , touchant la
Comedie. A Paris, Chez Iean-Baptiste
Coignard , ruë S. Iacques. 1694.

UN Confesseur d'une Paroisse de
Paris , ayant trouvé un Penitent
qui cooperoit directement à la Comedie,
quoy qu'il ne fut ni Acteur , ni Poëte ,
ni Spectateur , il luy voulut faire pro-

mettre de renoncer à cette cooperation directe. Sur le refus d'y renoncer, le Confesseur se crût obligé de luy refuser l'Absolution. Il consulta le cas en Sorbonne ; & les Docteurs consultez crûrent devoir examiner la question de la Comedie à fond.

Pour y réüssir ils forment quatre demandes sur la Comedie. La premiere, si la Comedie est mauvaise ; & ils font voir par l'Antiquité qu'elle est mauvaise.

La deuxiéme regarde les Auteurs, & generalement tous ceux qui y cooperent ; ils répondent à cette demande, que tous ceux qui cooperent à la Comedie d'une maniere prochaine & déterminée pechent, & particulierement ceux qui composent pour le Théatre les Piéces que l'on y represente ordinairement, parce que leur action tend d'une maniere déterminée à une chose mauvaise.

La troisiéme, si on doit dire la même chose de l'Opera. On répond que l'Opera est d'autant plus dangereux, qu'à la faveur de la Musique dont les tons sont recherchez, & disposez exprés pour toucher, l'ame est bien plus susceptible des passions qu'on y veut éxciter, & particulierement de l'amour qui est le sujet le plus ordinaire de cette forte de Comedie. On cite faint Bafile, qui dit que la Mufique dont on fe fert en ces rencontres, doit eftre évitée comme une chofe tres honteufe.

Enfin la quatriéme demande, eft de fçavoir fi quelqu'un peut aller à la Comedie; on y répond que la Comedie étant mauvaife, dans la pratique on ny doit pas aller, même par complaifance pour fes parens. On rapporte l'exemple de la mere de fainte Macrine fœur de faint Gregoire de Nyffe, qui avoit un fi grand foin de fa fille, qu'elle ne luy permettoit pas de lire des Fables ni des Comedies, regardant comme une chofe honteufe de gâter un efprit encore tendre, par toutes ces Hiftoires tragiques de femmes, dont les fables des Poëtes font remplies, ou par les idées mauvaifes des Comedies. Ces Docteurs concluënt que les Comediens par leur profeffion comme elle s'exerce, font en état de peché mortel; c'eft pourquoy on ne doit pas les abfoudre, s'ils ne promettent de quitter leur profeffion. Pour ceux qui cooperent à la Comedie d'une maniére prochaine & déterminée, ou qui y affiftent de leur plein gré, quoy qu'ils

ne soient pas si coupables que les Comediens : neanmoins les mêmes Docteurs
ont décidé qu'on doit leur refuser l'Absolution, si les uns & les autres ne veulent
point se corriger & changer de conduite, aprés avoir été suffisamment avertis.
Cette décision faite en Sorbonne, est
dattée du 20. May 1694. & signée par
six Docteurs, dont voicy les noms :
G. Fromageau, Ch. Durieux, de Blan-
ger, S. Lhuillier, Ph. de la Coste,
Bonnet.

SECTION SEPTIEME.

*Réfutation des Sentimens relâchez d'un
nouveau Théologien, sur la Comédie.
A Paris, Chez Coignard, ruë S.
Iacques, à la Bible d'or. 1694.*

CEt Ecrit se trouve dans le même
Livre que la Décision faite en Sorbonne, dont on vient de faire l'extrait.
L'objet principal & le plus étendu dans
cet Ecrit, est la Réponse aux passages
de saint Thomas : l'Auteur dit que saint
Thomas n'entend par *Histriones*, que
les Farceurs ou Bâteleurs, selon même

tous les Calepins ; or les Comediens ne voudroient pas être confondus avec ces gens là. Mais afin de ne pas faire une question de nom, il suppose que saint Thomas ait entendu les Comediens par *Histriones* ; cependant il soûtient que ce Docteur de l'Ecole n'a pas justifié la Comedie telle qu'elle est dans l'usage ordinaire de ce siécle sur le Théatre François. Voicy ses preuves en abregé.

L'Auteur remarque d'abord que saint Thomas parle seulement par occasion de la Comedie dans l'article 2. & 3. de la 2. 2. q. 168. Ensuite il rapporte les six conditions que ce Saint demande pour rendre le Jeu permis, & sous ce nom la Comedie ; car il confond souvent le Jeu & la Comedie. J'en ay choisi trois principales.

La premiere est qu'on ne se procure pas de plaisir dans le Jeu ni dans la Comedie, par des paroles ou des actions défenduës, *Non utendo aliquibus illicitis verbis vel factis*. Art. 3. ad. 3.

La deuxiéme, qu'on n'y dise rien de préjudiciable au prochain, *Quæ vergant in nocumentum proximi*. Art. 3. in. corp.

La troisiéme, qu'en prenant ce divertissement on ne fasse rien contre les

Commandemens de Dieu & de l'Eglise, *Ita quod contra preceptum Dei vel Eccle-sia talibus ludis nihil fiat.* Art. 3. in. corp.

L'application de ces conditions est ai-sée à faire à la Comedie, où l'on dit des paroles équivoques, où l'on raille le prochain, enfin qu'on represente mal-gré la défense & les censures de l'Egli-se. L'Auteur s'étend fort au long sur tout cela, & il prouve par un autre en-droit de saint Thomas, que bien loin d'approuver la Comedie, il a dit dans la 2. 2. q. 167. art. 2. ad. 2. Que l'assi-stance aux Spectacles devient mauvaise, en ce qu'elle porte l'homme aux vices d'impureté & de cruauté, par les choses qui y sont représentées. *Inspectio Specta-culorum vitiosa redditur, in quantùm homo fit pronus ad vitia vel lascivia vel crude-litatis, per ea quæ ibi repræsentantur.* On trouve dans cette Réfutation une dé-couverte un peu facheuse dans la Lettre du nouveau Théologien. C'est en la page 38. de la premiere Edition de cette Lettre, où saint Antonin Archevêque de Florence se trouve cité comme appro-bateur de la Comedie. Il en tire la preuve de la 3me. Partie de sa Somme Tit. 8. Chap. 4. Sect. 12. & il cite seu-

Iettent ces deux mots, *Ludus scenicus*. Mais l'on reproche au Théologien de n'avoir pas bien lû une abréviation d'une lettre Gothique; car au lieu de *Ludus scenicus*, on trouve *Ludus secundus*.

Saint Antonin distingue trois sortes de Jeux en cét endroit qui est mal cité; car c'est dans la 2. p. tit. chap. 23. §. 1. Le premier est de devotion, comme les Chants de l'Eglise, qu'on doit aimer. Le second de paroles ou d'actions agréables dans les recréations, qu'on peut tolerer. Le troisiéme Jeu est celuy des representations des Comedies, qu'on doit avoir en horreur. Est-ce là approuver la Comedie? Est-il de la bonne foy de faire passer saint Antonin comme défenseur de la Comedie, quoy qu'il l'ait condamnée si fortement? Enfin l'Auteur de la Réfutation s'applique à prouver que les Comedies & les Opera excitent ou entretiennent l'Amour impur dans les cœurs. Il cite des vers de la Satyre des Femmes, où l'on dit qu'elles apprennent des Renauds & des Rollands,

Qu'à l'Amour comme au seul Dieu su-
prême,
On doit immoler tous, jusqu'à la verité
même :

Qu'on ne sçauroit trop tôt se laisser en-
    flamer ,
Qu'on n'a reçû du Ciel un cœur que pour
    aimer ,
Et tous ces lieux communs de morale lu-
    brique ,
Que Lully réchaufa du son de sa Mu-
    sique.

Voilà les effets des Opera & des Comedies de nos jours. S'il étoit permis
de nommer toutes les personnes qui y
ont esté perverties , soit Acteurs , soit
Spectateurs, le nombre en seroit infini.
Aprés cela on trouve encore des Meres
qui y ménent leurs Filles , & des Maris
leurs Femmes , & qui osent se plaindre
ensuite de leurs intrigues. Qu'ils se plai-
gnent plûtôt d'eux mêmes ; c'est la juste
peine de les avoir menées dans ces Eco-
les infames , où l'on va admirer toutes
ces intrigues, & les apprendre en même
tems.

SECTION HUITIEMÉ.

Discours sur la Comedie, où l'on voit la Réponse au Théologien qui la défend, avec l'Histoire du Théatre, & les Sentimens des Docteurs de l'Eglise, depuis le premier siecle jusqu'à present. A Paris, Chez Guérin & Boudot, ruë S. Iacques. 1694.

IL y a une Lettre en tête, dans laquelle l'Auteur de ces Discours se défend de les faire imprimer, en disant qu'il se contente d'avoir traité la matiére des Comedies dans ses Conferences, avec l'agrément de Mr. l'Archevêque de Paris : ce qui fait voir que ces Discours font les Conferences de saint Magloire, Seminaire de Mr. de Paris. La Lettre finit par une Eloge du Pere Caffaro, qui a édifié tout le monde par les sentimens humbles & Chrétiens, dont sa Rètractation est remplie.

On nous apprend qu'on expliquoit à saint Magloire le Nomo-canon de Photius du 9me siecle, qui prouve la conformité de la discipline de l'Eglise d'Orient avec celle de l'Occident. On y

trouve auſſi deux Titres, dont l'un déclare infames les Comediens qui font
métier de monter ſur le Théatre, *Tit.* 3.
Chap. 21. Et l'autre défend aux Clercs
d'aſſiſter aux Jeux du Théatre, ſous peine d'être interdits de toute fonction Ec-
cleſiaſtique, *Tit.* 9. *chap.* 27. Ces deux
Titres, & le bruit de la Lettre du Théologien partiſan de la Comedie, ont dé-
terminé l'Auteur à combattre la Comedie. Il remarque l'époque du Nomo-
canon de Photius fait au neuviéme ſiecle, parce que l'Idolatrie étant abolie
depuis trois cens ans, la Comedie n'y
peut pas être condamnée à cauſe de l'I-
dolatrie.

Le premier Diſcours commence la Réfutation de la Lettre du Théologien,
par une contradiction qui y eſt : nous
l'avons remarquée dans la Section premiere de ce Chapitre. Il applique au
Théologien les anathêmes d'Iſaïe cap. 5.
v. 20 *Væ qui dicitis bonum, malum.* Il in-
troduit Mr. Pradon loüant Mr. Racine
d'avoir renoncé à la Poëſie du Théatre :

> *Que ne ſuit-on les pas du modeſte R . . .*
> *Que le Ciel aujourd'huy favoriſe, illu-*
>   *mine,*   *(dreſſe,*
> *Qui déteſtant ſes Vers trop remplis de ten-*

Les prend pour des pechez commis en sa
jeuneſſe.

Il répond à la prétenduë correction des
mœurs par les Piéces de Moliére, en
citant le jugement qu'en a fait l'Auteur
de la Republique des Lettres dans ſon
Recueil d'Avril 1684. où il parle de
,, Moliere en ces termes : Il n'a corrigé
,, que certaines qualitez, qui ne ſont pas
,, tant un crime qu'un faux goût, qu'un ſo
,, entêtement, comme vous diriez l'hu-
,, meur des prudes, des précieuſes, de
,, ceux qui outrent les modes, qui s'éri-
,, gent en Marquis, qui parlent inceſſam-
,, ment de leur nobleſſe. Car pour la ga-
,, lanterie criminelle, l'envie, la fourbe-
,, rie, l'avarice, la vanité & choſes ſembla-
,, bles, on ne peut croire que le Comique
,, leur ait fait beaucoup de mal. On peut
,, même aſſûrer qu'il n'y a rien de plus
,, propre à inſpirer la coquéterie que ſes
,, Piéces, parce qu'on y tourne perpétuel-
,, lement en ridicule les ſoins que les Pe-
,, res & Meres prennent de s'oppoſer aux
,, engagemens amoureux de leurs Enfans.
Pour les Affiches des Comedies, il rapporte les paroles de ſaint Auguſtin, *Ec-*
cleſia multa tolerat quæ non probat.

Le deuxiéme Diſcours eſt diviſé en
tro

trois Parties. La premiere est un Abregé
des Poëtes & des Historiens, sur les
Spectacles des Payens, qui n'étoient pas
tous consacrez aux Idoles selon Tacite
même, ny si infames qu'on veut les
dire à l'exception des Jeux annuels de
Flore, plaisir de la canaille, non des
honnêtes Payens. Saint Chrysostome ob-
tint de l'Empereur Arcadius l'abolition
de pareils Jeux. Les Piéces de Seneque
y sont préferées à cause de leur modestie,
aux Tragedies de ce siecle. Si celles de
Plaute sont peu honnêtes, celles de Terence sont plus tolerables pour ces siecles
là, que celles de Moliére pour le nôtre.

Je ne diray rien de la seconde partie,
qui contient des passages des Peres ; j'en
ay assez dit dans la Tradition : ni de la
troisiéme qui regarde les Scholastiques ;
en les a dêja vûs. Les Poëtes Proven-
çaux paroissent depuis le treziéme jusqu'au quinziéme siecle, dans lequel les
Italiens qui avoient passé d'Avignon en
France, les surpasserent. Les Italiens
choisirent d'abord des sujets de piété
que Mr. Despreaux a dépeint dans le
troisiéme Chant de l'Art Poëtique ;

Chez nos devots Ayeuls le Théatre ab-
horré,

I

Fut long-temps dans la France un plaiſ
ignoré :
Des Pelerins , dit-on , une troupe groſſiere
En public à Paris y monta la premiere
Et ſottement zelée en ſa ſimplicité ,
Ioüa les Saints , la Vierge , & Dieu pa
pitié.

Le Cardinal Le Moine acheta l'Hôtel de Bourgogne à Paris pour ſes devot
Comediens , à condition qu'ils ne repré
ſenteroient que des Piéces pieuſes. O
ſe laſſa bien-tôt de ces Piéces pieuſes,
ce qui y fit ajoûter des Farces que l
Parlement de Paris défendit en 1541
ſous François I. comme contraires au
Saints Canons. On voit encore ſur un
des portes de cet Hôtel les inſtrumen
de la Paſſion de Nôtre Seigneur. O
n'oublie pas de répondre à l'argumen
tiré des Tragedies des Colleges , par le
regles de l'Univerſité , qui défendent d'
rien repréſenter que d'édifiant , & d'e
exclure les perſonnages & les habits
Femmes ; par les Statuts des Jeſuites qu
portent que les Comedies & les Trage
dies ſeront Latines , qu'on n'en fera qu
tres rarement , qu'on prendra toûjou
des ſujets de pieté , & qu'il n'y paroîtr
point de perſonnages de femme , ni d

fille ; enfin par la quatriéme Assemblée generale de l'Oratoire, qui renouvelle le reglément contre les personnages de Femmes & de Filles sur le Théatre de leurs Colleges.

On voit ensuite les Réponses à plusieurs questions : entr'autres on répond que le Cardinal Tolet & Navarre condamnent les Academies de Jeu aussi bien que les Comedies, comme des sources funestes de plusieurs crimes. On finit par des décisions des Peres Guzman & Mariana Jesuites, qui soûtiennent que les Comedies sont mauvaises & nuisibles, & qu'il ne faut pas déferer au sentiment des personnes de quelque merite & condition qu'ils fussent, s'ils osoient justifier les Comedies.

SECTION NEUVIEME.

Maximes & Reflexions sur la Comedie, par M. Iacques Benigne Boßuet Evêque de Meaux. A Paris, Chez Anißon. 1694.

MOnsieur de Meaux commence par un Extrait de la Lettre du Théologien, qui avoit avancé que la Comedie, telle qu'elle est aujourd'huy, est épurée en France, & qu'il n'y a rien que l'oreille la plus chaste ne puisse entendre. Mais on demande s'il faut passer pour honnêtes, les impiétez & les infamies, dont sont pleines les Comedies de Moliére, qui remplissent encore à present tous les Théatres des équivoques les plus grossiéres. Il ajoûte que les Airs de Lully tant repetez dans le monde, ne servent qu'a insinuer les passions décevantes, en les rendant plus agréables & plus vives, plus capables par le charme de la Musique de s'imprimer dans la mémoire, parce qu'elle prend d'abord l'oreille & le cœur.

Il cite Racine qui a renoncé à sa Berenice, la croyant dangereuse à la pudeur; & prétend que Corneille dans son Cid veut qu'on aime Chimene, qu'on l'adore avec Rodrigue. Il se sert de la comparaison des Peintures immodestes dont l'usage est condamné, parce qu'elles ramenent naturellement à l'esprit ce qu'elles expriment; & il dit que les expressions du Théatre touchent plus, parce que tout y paroît effectif : les vraies larmes dans les Acteurs en attirent d'aussi veritables dans ceux qui les regardent

La mort tragique de Moliere sur le même Théatre où il joüoit le Malade imaginaire, n'y est pas oubliée.

Le prétexte du mariage est bien développé par la remarque solide ; que le remede des réfléxions ou du Mariage vient trop tard, que dêja le foible du cœur est attaqué s'il n'est vaincu, & que l'union conjugale est trop grave & trop serieuse pour passionner un Spectateur qui ne cherche que le plaisir ; que le Mariage n'est la fin des Comedies que par façon & pour la forme.

Sa réponse aux Loix par lesquelles on a voulu autoriser ces Comedies, est que que quand les Loix au lieu de flétrir comme elles ont toûjours fait, les Comediens, leur seroient favorables ; tout ce que nous sommes de Prêtres, nous dévrions imiter l'exemple des Chrysostomes & des Augustins, qui disoient que si les Loix Romaines permettoient l'usure & les divorces, ces crimes n'étoient pas moins reprouvez par l'Evangile, parce que les loix de la Cité sainte & celles du monde sont differentes.

Il y a des choses curieuses sur Platon, qui a condamné les Tragedies anciennes, parce qu'elles reveilloient les pas sions, quoy que les Femmes ne parûssent pas sur les Théatres des Payons par pudeur. Ainsi les Hommes y prenoient l'habit, & faisoient les personnages de Femmes, On confirme cette condamnation par les Statuts des Jesuites, qui leur défendent de faire paroître des personna-de Femme sur les Théatres de leurs Colleges.

Je ne marrêteray pas aux Reflexions de M. de Meaux, sur saint Thomas, par lesquelles il prouve solidement que ce saint Docteur n'a jamais parlé de la Comedie.

Pour dire un mot du reproche qu'il fait au Théologien d'avoir falsifié saint Antonin, en ajoûtant le mot de Comedie dans un endroit où il est parlé des conversations agréables, & de rendre cét Archevêque protecteur des Comedies, luy qui ne permet pas d'entendre le chant des Femmes, parce qu'il est périlleux, & selon son expression, *Incitativum ad lasciviam*. Qu'auroit-il jugé de nos Opera, & auroit-il crû moins dangereux de voir des Comediennes joüer si passionnement le personnage d'Amantes, avec tous les malheureux avantages de leur sexe ? La profanation

des Dimanches & des Fêtes, & du Jeû-
ne, par l'assistance aux Spectacles, y est
parfaitement prouvée.

La vertu prétenduë d'Eutrapelie du
Théologien y est refutée par saint Paul,
qui la joint avec les paroles folles, salles,
ou deshonnêtes. Mr. de Meaux conclut
par ces paroles : Voilà les saintes maxi- „
mes de la Religion Chrétienne sur la „
Comedie. Ceux qui avoient espcré de „
luy trouver des approbations, ont pû „
voir par la clameur qui s'est élevée contre „
la Dissertation, & par la censure qu'el- „
le a attiré à ceux qui ont avoüé qu'ils „
en avoient suivi quelques sentimens, „
(L'on peut croire que M. de Meaux
veut parler de l'interdit du Théologien,
par feu M. de Harlay Archevêque de
Paris ,) que l'Eglise est bien éloignée de
les supporter : & c'est encore une preuve contre cette scandaleuse Dissertation, qu'encore qu'on l'attribuë à un
Théologien, on ne luy ait pû donner
des Théologiens, mais de seuls Poëtes
Comiques pour Approbateurs, ni la
faire paroître autrement qu'à la tête, &
à la faveur des Comedies. Enfin il finit
en répondant à ceux qui voudroient mé-
nager à la faveur du plaisir des exemples

& des instructions serieuses pour les
Rois , & il dit : Que les Rois n'appren-
,, dront jamais rien au Théatre : & que
,, Dieu les renvoye à sa Loy pour y ap-
,, prendre leurs devoirs : Qu'ils la lisent
,, tous les jours de leur vie ; qu'ils la
,, méditent nuit & jour comme un David ;
,, qu'ils s'endorment entre ses bras, & s'en-
,, tretiennent avec elle en s'éveillant com-
,, me un Salomon: que pour les instructions
,, du Théatre, la touche en est trop le-
,, gere, & qu'il n'y a rien de moins serieux,
,, puisque l'homme y fait à la fois un jeu
,, des vices , & un amusement de la Vertu.

SECTION DIXIEME.

Sentimens de l'Eglise & des Saints Peres ,
pour servir de Décision sur la Comedie &
sur les Comediens : opposez à ceux de la
Lettre qui a paru sur ce sujet depuis
quelques mois. Nolite communicare
operibus infructuosis tenebrarum ;
magis autem redarguite. Eph. 5. 11.
A Paris , *Chez Couterot , ruë. S Iacques.*

L'Auteur de cét Ecrit avertit d'abord,
qu'il le donne au public , par le con-

seil de personnes assez considerables dans l'Eglise, qui ont jugé qu'on ne peut op-poser trop de digues à la violence du torrent qui entraine tout le monde à la Comedie.

Le premier Chapitre expose quelques passages, particuliérement du Nouveau Testament, avec des applications con-tre la Comedie. On y joint des Conci-les, & l'on est fort diffus sur les raisons tirées de l'opposition de la Comedie à l'esprit du Christianisme. On cite ces Vers d'Atys :

O douce vie ;

Digne d'envie !

Tendres Amours, enchantez nous toûjours,

O jours heureux que l'on vous trouve courts !

L'Auteur passe au renoncement aux plai-sirs du siecle fait dans le Baptême, il s'é-tend sur plusieurs autres raisons, & prin-cipalement sur la discipline des Parois-ses de Paris, qui observent exactement leurs Rituels qui ordonnent de refuser le Viatique aux Comediens, s'ils ne promettent de renoncer au Théatre. Il cite l'exemple de Floridor fameux Co-medien, qui fut fidelle à garder la pa-role qu'il avoit donnée à M. Marlin

Curé de saint Eustache, aprés que Dieu luy eût rendu la santé. Il auroit pû citer Arlequin à qui on n'a donné le Viatique qu'à la même condition.

Il nomme encore Rosimond Comedien connu dans la Paroisse de saint Sulpice, qui étant mort subitement, fut enterré sans Clergé, sans Luminaire & sans Prieres, dans l'endroit du Cimetiere où l'on met les enfans morts sans Baptême. On a même changé la marche de la Procession de S. Sulpice à la Fête du Saint Sacrement, pour ne pas passer devant le Théatre des Comediens François; pour apprendre aux Fideles combien l'Eglise à en horreur ces Théatres.

Cét Auteur fait encore le recit du bruit qu'il y eût à Paris, dans la Paroisse de S. Germain de l'Auxerrois en 1657 au sujet des Comediens Italiens, que M. le Curé vouloit faire sortir de sa Paroisse. Il consulta la Sorbonne, dont voicy la décision : Les Docteurs de la sacrée Faculté de Théologie de Paris, soussignez, qui ont esté consultez pour sçavoir si les Comedies que representent les Comediens Italiens à Paris, peuvent estre permises, ayans vû une partie des Af-

fiches qui leur ont esté communiquées, „
sçavoir celles du 12. 15. 16. & 21. d'A- „
oust, celles du 18. Octobre, celles du „
16. & 18. Novembre, sont d'avis que „
telles Comedies ne peuvent être sans „
peché mortel en ceux qui les represen- „
tent, & en ceux qui y contribuent. Déli- „
beré à Paris ce 25. Novembre 1657. „
& signé, Pereyret, N. Cornet, Hal- „
lier, R. Duval, M. Grandin, Coque- „
ret. Il faut remarquer que ces Messieurs
étoient la pluspart Professeurs en Théologie, & non suspects de morale outrée.
L'Auteur fait voir dans les Piéces du
Théatre les plus approuvées dans ce
siecle, le vice loüé & estimé. Dans le
Cid on parle d'un parricide commis,
en ces termes :

Enfin n'attendez pas de mon affection,
Vn lache repentir d'une belle action,
Ie la ferois encore, si j'avois à la faire.

Et la Fille du Pere assassiné, loüe l'as-
sassin,

Tu n'as fait le devoir que d'un homme
de bien.

On y trouve des Leçons de vengeance
d'un Pere à son Fils :

Va contre un arrogant éprouver ton cou-
rage,

Ce n'est que dans le sang qu'on lave un
    tel outrage,

Meurs, ou tuë.

Dans Polyeucte cette Piéce prétenduë
sainte, on voit une Fille qui parle d'un
Amant que ses parents ne vouloient pas
qu'elle épousât :

Il possedoit mon cœur, mes désirs, ma
    pensée,

Je ne luy cachois point combien j'étais
    blessée,

Nous soupirions ensemble & pleurions
    nos malheurs,

Mais au lieu d'esperance il n'avoit que
    des pleurs.

On dit qu'on a combattu le faux devot dans le Tartufe ; cependant aprés
qu'on a détrompé Orgon, on le fait
ainsi parler contre tous les gens de bien.

C'en est fait, je renonce a tous ces gens
    de bien,

J'en auray désormais un horreur effroya-
    ble,

Et m'en vais devenir pour eux pire qu'un
    diable.

Dans le Festin de Pierre, on expose
les maximes les plus impies ; & le Tonnerre qui écrase l'Impie, fait moins d'impression sur les méchans qui assistent à
                                        cette

malheureuse Représentation, que
maximes détestables qu'on luy en-
débiter, n'en font sur leurs esprits.
ans l'Opera d'Atys, l'amour pro-
e triomphe de la Vertu :

Laisse mon cœur en paix, impuissante
        Vertu,
N'ay-je pas assez combattu ?
Quand l'Amour malgré toy me contrains
        de me rendre,
    Que me demandes tu ?

ilà assez d'exemples pour faire voir
mbien les leçons du Théatre sont fu-
es aux jeunes gens.
'Auteur répond aux autoritez & aux
ns du prétendu Théologien: nous les
s vûës dans les Ouvrages precedens.

SECTION ONZIEME.

e à la Préface de la Tragedie de
ith. A Paris, Chez Iean-Baptiste
aignard, à la Bible d'or. 1695.

'ay pû lire sans surprise dans la
face de la Tragedie de Judith,
Chrétien y ose dire que la Co-
que cette Piéce se fait honneur à

L

elle-même, en faisant honneur à la R
ligion, & que les Comediens ont par
un moyen sûr & glorieux, pour confo
dre ceux qui s'obstinent sans cesse à d
crier leur profession. Il faut que
Auteur ait une mémoire bien ingrate
puis qu'il ne se souvient pas de tant
bons Ouvrages qui ont esté donnez
public l'année derniere, contre la C
medie, où l'on a solidement prouvé q
les Comediens sont excommuniez p
l'Eglise ; je viens de rapporter l'Abreg
de tous ces Ouvrages.

L'Excommunication des Comedien
a-t-elle esté levée par la représentatio
de la Tragedie de Judith ? Au contrai
les Comediens sont plus coupables
parce qu'ils ont osé prophaner une Hi
stoire sacrée. L'Auteur de cette Piéce
pourra effacer que par les larmes d'un
veritable Penitence le sacrilege qu'il
commis, en donnant un Amant à un
Veuve qui n'en a jamais eu, puis qu
l'Ecriture n'en dit pas un mot ; & il s'e
condamné luy-même, en avançant a
commencement de sa Préface, qu'on n
peut alterer les sujets de l'Ecriture san
une espece de sacrilege.

L'Approbation des Sectateurs du Thé

loin de justifier son sacrilege,
connoître leur corruption, puis
ont approuvé dans cette Piéce ce
étoit faux, & ce qui étoit le plus
de corrompre le cœur. Sans
l'intrigue de Misaël à l'Hi-
de Judith, cette Piéce auroit été
able; c'est pourquoy Misaël pa-
dans la plûspart des Scenes, & quoy
Judith ne consente pas à la proposi-
de mariage qu'il luy fait, cette Vœu
oit coupable même selon le mon-
reglé, de l'écouter & de luy répon-
aprés l'avoir remercié.

SECTION DOUZIEME.

quête des Comediens de France, présen-
tée au Pape Innocent XII.
& sa Réponse.

ON a écrit de Rome, que les Comediens de Paris qui se présente-
à la Confession au Jubilé de l'année
ere 1696, croians que c'étoit un
de grace pour eux, comme pour les

autres pecheurs, parce que les Confeffeurs avoient le pouvoir d'abfoudre de cas refervez; furpris néanmoins que les Confeffeurs leur euffent refufé l'abfolution, s'ils ne promettoient par écrit de ne plus monter fur le Théatre, avoient préfenté une Requête au Pape, dans laquelle ils remontrent qu'ils ne repréfentent à Paris que des Piéces honnêtes, purgées de toutes faletez, plus propres à porter les Fideles au bien qu'au mal, & infpirant de l'horreur pour le vice & de l'amour pour la vertu; & ils prient le Pape de répondre fi les Evêques ont droit de les excommunier.

Cette Requête a efté lûë & examinée dans la Congrégation du Concile, parce que cette affaire regarde la difcipline & les décifions des Conciles : & les Comediens ont été renvoyez à M. l'Archevêque de Paris, afin qu'il les traite fuivant le droit & les canons des Conciles, *Vt provideat eis de jure.* Ainfi voila comme une nouvelle confirmation de l'excommunication des Comediens. Je ne dis rien de la fauffeté de l'expofé de leur Requête, parce que cet Ouvrage la prouve affez.

CONCLUSION.

E Sauveur ayant prononcé en saint Mathieu Chap. 18. v. 7. cet ana-thême : *Malheur au monde à cause des scandales ; il est necessaire qu'il arrive des scandales, mais malheur à l'Homme par qui le scandale arrive.* Nous devons prier Dieu pour l'Auteur de la Lettre du pré-tendu Théologien, qui a causé un si grand scandale : Mais nous devons aussi adorer la providence de Dieu, qui s'est servi de ce scandale pour reveiller ceux qui n'étoient pas convaincus qu'il fut défendu d'assister aux Spectacles. Qui doute en doute, après ce que les Ex-... ont fait & écrit sur ce sujet, & l'interrogation solemnelle du Pere Caf-aro.

Il faut conclure necessairement de tous ces principes si solidement prouvez dans tous les Ouvrages dont j'ay fait l'Abregé dans celuy-cy, que les Comedies seront toûjours défenduës tant que les hom-mes & les femmes s'entretiendront d'a-mour & des autres passions sur le Théa-tre, & que les Chrétiens n'y pourront aller sans peché, à cause du danger qu'il y a d'exciter ou de reveiller leurs passions, à cause du mauvais exemple, à cause qu'ils contribuent à l'excommunication des Comediens qui exposent leur salut pour divertir leurs. Spectateurs. L'Eglise les juge si criminels, qu'elle ordonne à ses Ministres de leur refuser les Sacremens, même à l'article de la mort, s'ils ne promettent de renoncer à ce damnable métier. Un Chrétien se peut-il divertir sans pecher, de ce qui expose si manifestement le salut des Comediens ? Une telle disposition peut-elle s'accorder avec l'amour de Jesus-Christ, qui a donné sa vie pour le salut de tous les hommes ? Si on veut faire de serieuses reflexions sur tout ce qui est renfermé dans cet Ouvrage, on verra qu'on ne peut en conscience assister sans pecher à l'Opera & à la Comedie.

FIN.

TABLE
DES CHAPITRES
ET
DES SECTIONS.

TABLE.

Fin de la Table.

VEU la Requête & l'Approbation
des Sieurs Mauduison & Aleaume
Docteurs de Sorbonne en la Faculté de
Paris, & Chanoines de l'Eglise d'Orleans, oüi le Procureur du Roy, & ce
consentant, Nous avons permis à la
veuve Paris & à Jacob son gendre
d'imprimer, vendre & débiter le Livre
mentionné en ladite Requête. Fait à
Orleans le 23. Mars 1697.

FONTAINE DE MANTHELON.

DE SAINTMESMIN.

PENSÉES
SUR LES SPECTACLES.

Par Monsieur ✱✱✱✱.

Le grand écüeil de tous les hommes, & sur tout des jeunes personnes, est de vouloir éprouver si ce qu'on leur represente comme dangereux, l'est autant qu'on le dit. Ils croyent qu'ils jugeront mieux de tout par leur propre essay que par la lumiere d'autruy, ou par la simple défense de la Loy. Ils esperent qu'il y aura une exception pour eux, & qu'ils auront assez de discernement & de force pour découvrir le piége où tombent les autres, & pour l'éviter.

II. Ils ignorent que c'est ainsi que le peché est entré dans le monde, & que les hommes ne meurent que parce que la premiere femme aima mieux éprouver si elle mourroit en desobeïssant, que d'obeïr & de vivre. Ils ne sçavent pas que cette sorte de curiosité est déja un grand mal, & que c'est estre tombé aux yeux de Dieu, que

de se laisser affoiblir par la tentation
de juger de ses Commandemens par
sa propre experience. Enfin, ils ont
oublié que l'épreuve du bien & du
mal n'apprend à connoître l'un que
parce qu'on l'a perdu, & l'autre parce
qu'on y est condamné.

III. Comme la Loy de Dieu est juste
& sainte, on ne doute de sa justice,
que parce qu'on est dans les tenebres;
& l'on ne s'expose jamais à la violer
pour en faire l'épreuve, qu'en meri-
tant de tomber dans des tenebres infi-
niment plus grandes.

IV. Aussi de tels essais ne sont jamais impunis. Car ou ils affoiblissent,
ce qui est leur effet ordinaire; ou ils
rendent présomptueux, ce qui est un
mal sans comparaison plus grand.
Souvent même ils font l'un & l'autre
à l'égard d'une même personne, qui
revient des Spectacles avec moins de
force & plus d'orgüeil, & qui n'est
présomptueuse que parce qu'elle a me-
rité de ne pas connoître ce qu'elle
vient de perdre. Car c'est une maxime certaine, que l'orgüeil est toûjours dans la même proportion que
la misere, & que rien ne marque plus

une extrême foibleſſe, qu'une grande préſomption.

V. Il y a plus d'eſperance pour les perſonnes, qui ſont touchées des Spectacles, mais dont l'eſprit n'eſt pas ſéduit ; qui ſont foibles, mais qui l'avoüent. Les autres ſont plus à plaindre, parce qu'elles ont autant de foibleſſe ſans avoir autant de lumiere, & qu'elles juſtifient ce que les autres voyent bien qu'il faut condamner.

VI. Car il ne s'agit pas de dire qu'on eſt revenu du Spectacle comme on y étoit allé. Les pertes qu'on y fait, ſont d'un ordre bien différent de celles qui touchent les ſens. Il faut n'avoir pas tout perdu & juſqu'à la lumiere, pour pouvoir marquer ce qu'on a perdu. Le mal ſeroit moins grand s'il avertiſſoit. Il a tout ſon effet ſans eſtre aperçû ; & comme on n'eſt point inſtruit de ce qui eſt eſſentiel à la droiture & à l'innocence du cœur, on ne ſçait point auſſi juſqu'où il s'affoiblit & ſe corrompt.

VII. Entre les jeunes perſonnes qui vont aux Spectacles, y en a-t-il qui connoiſſent toute la pureté de l'Evangile, & toutes les obligations du

Batême ; qui sçachent dans quel abîme de corruption l'homme est tombé, & par quels remedes JESUS-CHRIST veut le guérir ? Quelle croyance méritent donc ces personnes, quand elles assûrent que les Spectales ne font aucun tort à leur vertu ? Quand elles auront appris un jour de l'Ecriture & de l'Esprit de Dieu, en quoy consiste la vraye vertu, elles tiendront bien un autre langage.

VIII. En effet, ou le Spectacle attache & fait plaisir, ou l'on en est mécontent. Dans le dernier cas on montre par son chagrin ce qu'on désiroit, & ce qu'on étoit allé chercher. On se plaint de ce que par la faute de la Piéce ou des Acteurs l'esprit ou le cœur ont été laissez immobiles ; on a regret à l'innocence & à la tranquillité qu'on remporte. On s'étoit livré à tout ce qui pouvoit agiter l'ame, & luy faire sentir du plaisir par cette agitation ; & rien ne découvre mieux cette volonté secrette, que l'indignation contre les personnes qui n'ont pas sçû troubler nôtre repos.

IX. On veut donc que l'impreffion de tout ce qui eft repréfenté,
paffe dans le cœur ; l'ambition , la
fierté , le defir de la vengeance, l'a-
mour , & tous les autres mouvemens. Tout cela ne plaît qu'autant
qu'il eft fenti , & l'on eft content à
proportion de ce que le fentiment a
efté plus vif & plus profond. Voilà
ce qu'on loüe. C'eft à quoy le cœur
fe prepare , trifte s'il n'eft bleffé , &
fatisfait fi fes playes defcendent bien
avant.

X. Tout ce qui eft Spectacle eft
paffion. Les fentimens ordinaires &
moderez ne fraperoient pas. Ainfi les
fens n'y font pas feulement feduits par
l'exterieur, mais l'ame y eft attaquée
par tous les endroits où fa corruption
eft fenfible.

XI. Car elle n'aime ces chofes
au dehors , que parce qu'elles font
les images de fes maladies. Elle eft
flattée par tout ce qui flate fes paffions. Elle veut fentir ce qu'elle aime, & elle aime ce qu'elle veut fentir. Voilà ce qui mene aux Spectacles. Mais c'eft le comble de la mi-
fere de ne pouvoir trouver de plai-

fit que dans ses propres maux ; de
recompenser ceux qui les sçavent entretenir & les rendre incurables, au
lieu de penser à les guerir; & il est
incomprehensible, que les Chrétiens
qui doivent avoir appris qu'ils n'ont
à combattre que leurs passions, croyent qu'il leur soit permis de les nourrir, de les exciter, & d'appeller à
leur secours des maîtres encore plus
entendus à les faire naître & à les
inspirer.

XII. L'ame étoit déja si languis-
sante & si foible lors même que les
objets étoient éloignez, & elle étoit si
touchée de leur seule idée lors qu'ils
n'étoient presens qu'à sa mémoire :
que sera-ce donc quand sa foiblesse
sera livrée aux passions des autres, &
qu'elle sera assez imprudente pour
admettre dans son cœur tant de mouvemens étrangers, & assez aveugle
pour sçavoir gré à tous ceux qui les
lui ont inspirez ?

XIII. Si l'on haïssoit sa propre
injustice, on auroit horreur de tout
ce qui la represente, & l'on regar-
deroit comme ses ennemis tous ceux
qui s'efforceroient de nous la faire

paroître aimable ; mais on ne veut
point guérir, & l'on veut néanmoins
sentir de la joye. Il faut donc que ce
soit en devenant phrenetique, & en
riant de ses propres maux.

XIV. Les Spectacles sont cette
phrenesie reduite en art ; & il n'y a
pas de moyen plus court pour conver-
tir en plaisirs nos maladies, en nous
renversant la raison : car tout ce qu'on
y voit & qu'on y entend ne s'adresse
qu'aux sens & à la cupidité. Les maximes qui y sont établies avec plus de
soin, sont les plus conformes aux
passions, & par consequent les plus
fausses ; & si le vice y est quelquefois
condamné, c'est pour en justifier quelqu'autre plus éclatant, mais plus dangereux.

XV. On perd ainsi par degrés le
discernement du juste & de l'injuste.
On accoûtume son cœur à tout ; on
luy apprend en secret à ne rougir de
rien ; on le dispose à ne pas condamner à son égard des sentimens qu'il
a excusez, & peut-être bien loüez
dans les autres. Enfin on ne voit plus
rien de honteux, dans les passions
dont on craignoit autrefois jusqu'au

nom, parce qu'elles ont toûjours été déguisées sur le Théatre, embellies par l'art, justifiées par l'esprit du Poëte, & qu'elles ont esté unies à dessein avec les vertus & le merite dans des personnes que la Scene nous represente comme des Heros.

XVI. Il n'y a donc rien de plus dangereux, quand il s'agit des mœurs, que de vouloir voir ce qu'on ne veut pas être : car on devient aisement ce qu'on regarde avec plaisir, puisque c'est le plaisir qui tourne le cœur ; & qu'il est impossible qu'il n'aprouve pas ce qu'il goûte avec joye, & qu'il soit autrement disposé que ce qu'il aime.

XVII. Il est vray que peu de personnes connoissent tout le danger des passions, dont on n'est émû que parce qu'on en est le Spectateur ; mais elles ne causent gueres moins de désordre que les autres, & elles sont encore en cela plus dangereuses, que le plaisir qu'elles causent, n'est point mêlé de ces peines & de ces chagrins qui suivent les autres passions, & qui servent quelquefois à en corriger : car ce qu'on voit dans autrui touche assez pour faire plaisir, & ne le fait pas assez

pour tourmenter. C'eſt en cela qu'eſt
l'artifice du Théatre, & c'eſt auſſi en
cela que conſiſte l'illuſion & le danger:
car on ne ſe défie point de l'amour ni de
l'ambition, quand on en fait que ſentir
les mouvemens, ſans en éprouver les
inquiétudes; & cela arrive toûjours
quand on n'en voit que l'image; mais
l'image ne peut plaire ſans remuer le
cœur, & ce mouvement qui l'amol-
lit & le corrompt, a d'autant plus d'effet qu'il eſt plus doux, & qu'il avertit moins.

XVIII. C'eſt un effet du premier peché, & la ſource de tous les
autres, de n'avoir point de goût pour
les biens ſpirituels, & de n'en avoir
que de foibles idées. La Religion &
la Foy tachent de remedier à ce dé-
ſordre; & c'eſt en effet tout l'exercice
du Chrétien. Mais les Spectacles rendent le dégoût des vrais biens encore
plus grand, & en affoibliſſent encore
plus les idées. On y apprend à juger
de toute choſe par les ſens, à ne regarder comme bien que ce qui les ſatis-
fait, & à ne conſiderer comme ſub-
ſiſtant & réel que ce qui les frappe.
Au lieu de travailler à guérir les playes

qu'ils ont faites à l'ame, & à la délivrer de la dépendance où elle eſt à
leur égard, on fortifie les liens qui
l'aſſerviſſent, on les multiplie, & on
la contraint en quelque ſorte à être
toute dans les yeux & dans les oreilles.

XIX. On la tire du dedans au
dehors où elle avoit déja tant d'inclination à ſe produire & à ſe répan-
dre, & on la fait ſortir de ſon cœur,
où elle avoit déja tant de peine à ren-
trer. On luy cache ſon veritable bon-
heur, on l'amuſe par des choſes fri-
voles, & au lieu de ſatisfaire ſa faim
par une nourriture ſolide, on la trom-
pe en ne lui donnant que des viandes
peintes, ou en l'empoiſonnant par l'er-
reur & le menſonge.

XX. On apprend ainſi deux choſes également funeſtes ; l'une de s'en-
nuyer de tout ce qui eſt ſérieux, &
par conſequent de tous ſes devoirs :
l'autre de trouver cet ennui inſup-
portable, & d'en chercher le remede
dans la diſſipation. Le premier de ces
deſordres eſt un obſtacle à toutes les
vertus ; & le ſecond eſt une entrée à
tous les vices : mais l'un & l'autre

font certainement la suite des Spectacles, & toûjours dans la même proportion qu'on les aime & qu'on y est
assidu.

XXI. Il est vray qu'on s'y ennuye
aussi quelquefois ; mais on n'en est
pas moins coupable, & rien ne fait
mieux voir au contraire combien on
est injuste de chercher sa satisfaction
dans des choses que le cœur trouve
insipides malgré sa corruption, & de
n'être pas averti par son dégoût qu'il
est destiné à un plus grand objet.
Ceux même qui sont les plus passionnez pour les Spectacles, en sentent bien le vuide & le faux, s'ils ont
de l'esprit ; comme ceux qui aiment
le monde, en connoissent bien l'injustice & la malignité, s'ils profitent
de l'experience : mais le cœur des
uns & des autres n'en est que plus
corrompu, d'aimer ce qu'ils sentent
bien qui n'est pas aimable.

XXII. Il est vray aussi que toutes les personnes qui vont aux Spectacles, n'en sont pas également bles-
sez ; mais c'est la loüange de la Grace
de JESUS-CHRIST, & non la ju-
stification des Spectacles. La miseri-

corde de Dieu eſt encore plus infinie
que la temerité & l'aveuglement des
hommes. Il arrête la cupidité de quel-
ques-uns, lors même qu'ils s'y abandonnent; & dans ceux qu'il punit ſelon la rigueur de ſa juſtice, la paſſion qui occupe plus ſouvent le Théatre, je veux dire l'amour, n'eſt pas
toûjours le châtiment qui leur eſt pre-
paré. Il y a un certain ordre dans la
diſpenſation même des tenebres, in-
connu aux pecheurs; & c'eſt ce qui
doit faire trembler ceux qui croyent
que tout le danger de la Comedie n'eſt
que d'un certain côté, & qu'ils ont
tout évité, ſi à cet égard ils ne ſe ſentent pas affoiblis. Il y a plus d'une
paſſion, & par conſequent plus d'un
châtiment.

En voila aſſez, Monſieur, pour
éclaircir ce que j'eus l'honneur de vous
dire dans un entretien. Il ne s'agit pas
de traiter icy à fond des Spectacles,
& vous n'attendez pas de moy ce que
des perſonnes très-habiles ont déja
fait, & que je n'ay point promis.

9 782329 776736